一本书学会
新闻采访

刘建华 主编
杨青山 朱静雅 编著

人民日报出版社

图书在版编目（CIP）数据

一本书学会新闻采访 / 刘建华主编 .—北京：人民日报出版社，2011.11
ISBN 978-7-5115-0719-8

Ⅰ．①一… Ⅱ．①刘… Ⅲ．①新闻采访—通俗读物 Ⅳ．① G212.1-49

中国版本图书馆 CIP 数据核字（2011）第 232490 号

书　　名	一本书学会新闻采访
主　　编	刘建华
编　　著	杨青山　朱静雅
出 版 人	董　伟
责任编辑	梁雪云　曹　腾
封面设计	春天书装
出版发行	人民日报出版社
社　　址	北京金台西路 2 号
邮政编码	100733
发行热线	（010）65369527　65369512　65369509　65369510
邮购热线	（010）65369530
编辑热线	（010）65369514　65369523
网　　址	www.peopledailypress.com
经　　销	新华书店
印　　刷	北京朝阳印刷有限公司
开　　本	710mm × 1000mm　1/16
字　　数	230 千字
印　　张	16.5
版　　次	2011 年 11 月第 1 版　2018 年 4 月第 3 次印刷
书　　号	ISBN 978-7-5115-0719-8
定　　价	36.00 元

一本书学会新闻采写系列丛书

学术顾问：（按姓氏笔画为序）

支庭荣　李　炎　周小普　周蔚华　周德仓　林如鹏
陈力丹　单晓红　郑保卫　郑思礼　钟　新　涂光晋
倪　宁　高　钢　喻国明　蔡　雯

主　编： 刘建华

编　委：（按姓氏笔画为序）

马正恺　马海燕　王更喜　王　晶　王樊一靖　卞丽敏
申玲玲　刘小三　刘晓雪　刘艳婧　刘新利　闫伟华
安　平　许丽华　巩昕頔　朱静雅　杨青山　李文竹
李玉洁　李　炜　李康乐　宋　婧　吴惠凡　周咏缙
张　勤　胥琳佳　高　岩　黄兆玺　梁雪云　韩　潇

★《一本书学会新闻采访》
杨青山　朱静雅　编著

★《一本书学会新闻写作》
卞丽敏　李　炜　著

自媒体时代的全民专业报道（总序）

传播是人类与生俱来的，而媒体却是一个历史性的产物。

当号子、烽火狼烟、鱼肚尺素、鸿雁传书、招幌等古老媒体成为人们美好记忆的时候，当报刊、广播、电视等现代媒体让人颇为倾心的时候，数字技术与网络技术却把人们对新事物的欣喜若狂搅得天翻地覆了。MSN、ICQ、QQ、博客、播客、微博、公民新闻网站等自媒体的层出不穷，令人们目不暇接。我们不得不说：媒介真的就是信息！

历史上，人们的需求似乎都不是自己真实的需求，正如消费社会，太多的需求是被他人创造和培养出来的一样。其实，人们对媒体的接近权与传播权也是被提醒的权利。在生产力极其低下的时代，人们绝不会想去拥有媒体接近权与传播权的。只有当技术进步、经济水平提高、物质产品丰富、精神需求扩大的情况下，一些政治家与学者们突然告诉人们，"传播权是与生俱来的权利"。于是，对媒体接近权与传播权的奋争，似乎成为人类政治变革中的重要主题，也必然是民主平等应有之义。因此，西方资产阶级民主革命以来，媒体便成为一个重要的武器，不断地变换角色，不断地改弦易张，不断地进退自若，成为极具魔力的法杖，令人们对之心神俱醉。

媒体接近权与传播权，从此，成为一代代人求之不得的梦想！

自媒体时代的到来，终于遏止了这个梦想的无限蔓延。如同中国古人的飞天传说一般，随着嫦娥卫星的成功发射，梦想竟为现实！

"自媒体"这一概念最早出现在2002年Dan·Gillmor对其"新闻媒体3.0"概念的定义中,"1.0"指传统媒体或旧媒体(old media),"2.0"指新媒体(new media),"3.0"指自媒体(we media)。2003年7月,谢因波曼与克里斯威理斯对自媒体进行如此界定:We Media 是普通大众经由数字科技强化、与全球知识体系相连之后,一种开始理解普通大众如何提供与分享他们本身的事实、他们本身的新闻的途径。美国著名硅谷IT专栏作家丹·吉尔默(Dan Gillmor)的专著《自媒体:草根新闻,源于大众,为了大众》("We the Media: Grassroots Journalism by the People, for the People"),充分体现着自媒体的特点:即全民新闻报道,全民受众即时接受全民生产者新闻。在自媒体时代,个体提供信息生产、积累、共享、传播内容兼具私密性和公开性的信息传播方式,多元声音来自多元世界,自媒体有别于由专业媒体机构主导的信息传播,它是由普通大众主导的信息传播活动,由传统的"点到面"的传播,转化为"点到点"的一种对等的传播概念。总之,自媒体的特点是平民化、个性化、简易化、快捷性、交互性,人人随时接近媒体,人人随时传播信息。

似乎,这的确是一个最好的时代。

然而,自媒体时代的全民报道与草根新闻也存在明显缺陷与诸多困惑。首先,新闻真实性受到严重挑战。丹·吉尔默提出"自媒体"概念时,就曾指出,"草根新闻的兴起伴随着严重的道德问题,包括真实性和公然欺骗。"这一方面是大众没有受过专业训练,新闻报道的标准意识不强,随心所欲发布信息,不加甄别;另一方面是技术突破了惯常的新闻监管体系,新闻不论真实与否,只能在事后加以控制;更重要的是接受者成为虚假信息的二手传播者,出于对"腥星性"的热衷,转发信息时丧失了责任意识。其次,媒体可信度较低。由于新闻真实性存疑,加之报道者的草根身份,无法让自媒体在严肃的政治、经济、文化、社会生活信息传播中,成为民众信息获得的依靠与必然选择,因而造成自媒体公信力降低,很难在市场经济中发展壮大,其成功的商业运作模式也是迄今仍在艰难探索的问题。最后,自媒体会无限放大社会矛盾,激化冲突。由于自媒体完全解放了人们的媒体接近权与传播权，从政党或组织派别争论的平台演变为众声喧哗的油锅。各色私人小恙被布之于众，加以放大，各种攻讦谩骂，如同热锅里的响油，喧闹不休，影响人们的正常生活。

似乎，这又是一个最坏的时代。

破坏了人们亲和友善的关系，那种往昔过去的好时光，令人每每在回忆中，黯然神伤。

《一本书学会新闻采写》系列丛书，正是应时之作，为这个最好的时代与最坏的时代献上一把最有力的抓手，让自媒体时代的草根新闻，变成媒体接近权与传播权大放异彩的全民专业报道。如同喻国明教授的形象比喻：全民DIY应该是专业、标准、科学、有效的DIY。

本丛书是以新闻采写为研究对象，采取旅游全攻略的架构，利用工程技术的思路，兼撷专业新闻理念与业余记者思维精粹，接轨不同行业与类型新闻采写方略，引领非专业人员进入新闻采写的奇峰异洞，细语全民专业报道中的在哪做、做什么、如何做，形塑全民DIY时代非科班出身的合格记者。

我们正在尽力去做，而做的结果却只能任由众人评判。尽管心有余，却力有不逮。但为这个瞬息万变时代的众生，奉上一把有用高效的抓手，是而且一直将是：我们的使命与图腾。

刘建华
于中国人民大学品园
2011年11月

（本文作者系云南大学国家文化产业研究中心副研究员，中国人民大学新闻学院传媒经济学专业博士生。）

目 录

第一章　新闻采访 / 1
　　第一节　采访这回事 3
　　第二节　采访的一般特点 4
　　第三节　采访的基本任务 6
　　第四节　采访的指导思想 14
　　第五节　采访的原则 15
　　第六节　采访的工作路线 16

第二章　新闻线索 / 19
　　第一节　发现新闻线索的渠道 22
　　第二节　增强新闻敏感 27

第三章　善于观察 / 33
　　第一节　对观察的基本要求 35
　　第二节　观察术 37

第四章　积累资料 / 41
　　第一节　积累资料的目的 43
　　第二节　新闻资料的使用 46
　　第三节　长期坚持，方法多样 47

第五章　采访准备 / 55

　　第一节　采前准备是初识采访对象的工作 57
　　第二节　新闻采访前的资料准备 58
　　第三节　熟悉、剖析采访对象 61
　　第四节　拟订采访计划 64
　　第五节　创造访问条件 66
　　第六节　需要随身携带的物品清单 68

第六章　采访方式 / 71

　　第一节　直面采访 73
　　第二节　视觉采访 75
　　第三节　书面采访 77
　　第四节　体验式采访 79
　　第五节　电话采访 82
　　第六节　网上采访 87

第七章　采访方法 / 97

　　第一节　点面结合 99
　　第二节　短仗长打 101
　　第三节　易地采访 105
　　第四节　抽样调查 106

第八章　采访重点 / 107

　　第一节　抓新动向 109
　　第二节　抓新事物 110
　　第三节　抓新成就 112
　　第四节　抓新风尚 113
　　第五节　抓新经验 115

第六节 抓新人物 116

第七节 抓新问题 117

第九章 采访提问 / 119

第一节 提问方式 121

第二节 提问类型 122

第三节 提问的技巧 123

第四节 提问注意事项 132

第十章 访问规程 / 135

第一节 访问的类型 137

第二节 访问对象、时机、场所的选择 137

第三节 如何接近访问对象：研究对象的心理 145

第四节 营造和谐的采访氛围 147

第五节 采访中观察等其他注意事项 149

第六节 采访道德规范 151

第十一章 追踪采访 / 157

第一节 追踪采访概说 159

第二节 如何进行追踪采访 163

第三节 追踪采访的其他注意事项 170

第十二章 新闻发布会的采访 / 171

第一节 新闻发布会的简介 173

第二节 新闻发布会采访要求 175

第十三章 灾难性事件采访 / 179

第一节 灾难性事件的定义和特征 182

第二节 如何进行灾难性事件的采访 184

第三节 灾难性事件采访的伦理要求 192

第十四章 旅行采访 / 199

第一节 旅行采访的简介 202

第二节 如何进行旅行采访 204

第十五章 隐性采访 / 209

第一节 隐性采访的概念与特征 211

第二节 隐性采访的操作 215

第三节 隐性采访的道德法律困境与规避 218

第十六章 各类新闻内容的采访 / 223

第一节 "硬新闻"采访 226

第二节 "软新闻"采访 242

第一章
新闻采访

第一节　采访这回事

采访是新闻写作中的一个重要环节，是新闻写作的基础、前提和保证。要想写出一篇出彩的好新闻，就必须在采访中做足功夫，新闻采访是整个新闻工作的灵魂。

诸多的学者、实务家们对新闻采访做出的定义不下百条，各有所长。简单一点说，采访，就是新闻工作者搜集新闻素材的活动。然而这个"活动"并不是一个简单的活动，采访不只是向你的采访对象抛出一串问题然后等待他的答案，也不仅仅是拿笔记录下你的采访对象都说了些什么。一个出色的采访，要求记者眼、耳、口、鼻、手面面俱到，所谓"耳听六路，眼观八方"。采访本质上是人与人之间的沟通交流，所以包含着诸多的情感因素、人为因素、主观因素在里面。由于采访环境的多变性、采访主题的多样性，加之采访对象的配合程度也因人而异，因此新闻采访对记者自身的协调调度能力有着极高的要求。采访是新闻记者的基本功，也应该成为他的看家本领。

可以说，采访首先是一个体力活儿。采访采访，有了"访"，才能"采"。记者写稿并不是囫囵吞枣，将所有的信息都写进去，而是"有挑有拣"，将最有新闻价值、最有可读性、最动人的内容"挑"出来，加工完善，润色而成一篇新闻。所以，如果"访"得不到位，就没有什么"采"头了。这其实也就是新闻之所以要求记者要亲临现场的原因了。有价值的新闻主题，独辟蹊径的角度，深入、广泛的采访，还有细致精心的写作，是成就一篇好的新闻稿必不可少的。

第二节 采访的一般特点

作为新闻工作的专门术语,采访一词是在近代新闻事业发展的基础上才予以肯定,并被赋予了充实、完整的内涵。因为新闻的"新",赋予了新闻采访与调查研究不同的含义和特点。

1. 目的的差异性

新闻记者的采访活动也是一种调查活动,但是与司法人员审核案情是为了正确判案,机关干部考察工作是为了总结经验教训、推动工作不同,记者通过采访求证事实是为了向公众传播信息,澄清事实。

记者不管采访什么样的新闻,都必须先了解事实,掌握足够的一手材料,通过细心的求证得出正确的结论,然后才进行报道。新闻记者的采访调查是为了如实地向公众传播真实、准确的新闻信息,它既是记者认识报道对象的过程,又是按照新闻的特点和规律进行的一种调查,是获取新闻真相的一种过程。

2. 时间的限制性

各种形式的调查都有时间限制的问题,但相比较而言,其他的调研活动可以有很大的时间跨度,几个月甚至是几年,历史学家可以用毕生的精力去钻研一个史实。但是,新闻强调时效性,报纸有截稿时间限制,所以记者必须在限定时间内完成采访,写出新闻稿,把新闻传播出去。新闻是"易碎品",雨后送伞这样的事,受众是不会买你的账的。所以,记者必须思维敏捷,动作迅速,出手要"狠、准、快"。

3. 项目的突发性

新闻采访除了部分项目是事先有计划、有准备的外,大部分的采访都带有突发性。记者往往在毫无准备的情况下,必须立即赶赴事发现场,进行采访。可能你正在吃饭,正在睡觉,也可能你正在上厕所,在洗澡,一旦有事情发生,必须立即切换状态,这一点倒是和警察有共同之处。所以新闻采访不能像一般的调查活动那样,有提前拟定好的计划、充分的准备，甚至天气不好的时候可以延期、改期。"冷水泡茶"、"慢三拍"是新闻采访的大忌。突发性的新闻事件，对记者的临时应变能力也是一大考验。

4. 知识的全面性

新闻的受众面不可谓不广，不可谓不杂，人人都有获取信息的欲望。新闻报道要适应人们多层次和广泛性的需要，加之新闻采访学本身就是一门综合性的边缘学科，并且，随着科学技术的日益发展，使得这门学科又与越来越多的学科挂钩，因此对记者的要求也越来越高。他必须能"上得厅堂，入得厨房"；既要能写出符合社会上层口味的丹青妙笔，也要能写让市井百姓津津乐道的通俗文章；既能博大，又能精深。所以，记者必须要是一个杂家。

5. 活动的艰苦性

香港媒体有这样的说法：铁腿、马眼、神仙肚。记者工作的艰苦性，除了体现在写文章，进行脑力劳动之外，更多的是在新闻采访上。新闻事件随时、随地都在发生，记者更是要天南海北地跑，所以，一定要能跑，能吃，能睡。脚力要好，记者是跑出来的。有时候采访环境会极端地艰苦，没得吃，没得睡，记者要能扛得住。有吃的，管他咸的辣的，填饱肚子就成。没时间、没条件睡觉，就要练就站着睡觉的绝技。

报纸要天天出版，电视、广播、网络新闻要时时开播。记者天天都得去采访。跋山涉水，通宵熬夜，对记者而言都是家常便饭。正常生活规律被打乱，采访项目又多种多样，又要与各色人等打交道，其辛苦不言而喻。2004年全国共有54名新闻记者因公牺牲，2005年全球共有60名记者为新闻工作牺牲。这些牺牲的记者当中，相当一部分的人都是在获取事实的过程中牺牲的。在各种调查中都显示，记者是工作压力负担最重，精神状态最紧张的。近些年来，新闻工作人员的健康状况每况愈下。2009年6月，央视《新闻联播》主持人罗京因病在北京逝世，终年48岁。新闻从业人员的健康问题再次引起了社会各界的关注。

第三节　采访的基本任务

新闻讲求 5W 要素，所以，新闻采访的基本任务是拿到这 5 个 W，即 WHAT（何事）、WHEN（何时）、WHERE（何地）、WHO（何人）、WHY（何因），最后再加一个 HOW（怎样发生）。在接到采访任务后，记者要通过与采访对象有限的接触，迅速了解并正确认识采访对象，并收集具有典型意义和新闻价值的真实的事实。

记者可以拿到的资料大体上可以分为以下几种：

第一手材料（First hand material）：记者一定要亲临现场，要亲自感知，拿到不经过任何中介转换而获取的材料。

第二手材料（Second hand material）：是指记者从当事人或目击者那里获得的材料。

第三、四手材料：是记者从非当事人或非目击者那里获取的材料。

相对第一手材料而言，对二、三、四手材料，记者一定要进行认真的分析、解读、辨别和验证，直到确认其真实性。

一、采访任务的第一个要素——拿到事实（事实第一）

（一）采访的任务是拿到事实材料

采访的任务就是拿到事实材料，这个任务说起来容易，但是并不容易做到。无论记者面对的是什么样的新闻线索，只要是新闻采访，它的基本任务就是想方设法拿到新闻事实的材料。正如著名记者艾丰所说："记者目不转睛地盯着事实，他发现事实、了解事实、选择事实、核实事实、参加（检验）事实、追踪事实，最后报道事实。记者采访的哪一种、哪一步可以离开事实呢？"

（二）事实是新闻传播的基础

可能有些记者的文笔并不太好，或许新闻写作经验不够丰富，但是，在采访中无论受到怎样的挫折，可能受尽"冷遇"，可能历经"千难万险"，但只要拿到了事实，拿到了确确凿凿的新闻事实，记者的报道就获得了"准生证"，就有了传播的基础。

（三）到第一线采集事实和原始信息

真正的记者一定要自己努力去采集原始信息。社会生活是丰富多彩且瞬息万变的，要给受众提供一个更真实的生活画面，必须要靠记者到第一线去采集事实，而不是在别人提供的公关稿件或到网络中去抄袭"事实"。具体来说，在新闻采访中应该注意做到：

1. 拒绝"三包"采访。
2. 认真核对被采访单位所奉上的材料（宣传稿、公关稿、新闻通稿）。
3. 不要过分依赖网络。

2005年5月18日，《时代商报》发表文章《布什要把夏威夷卖给日本？》，并以《布什要卖掉夏威夷》为题做头版导读。文章称："据美国媒体5月16日报道，美国国务院一名领导官员日前透露，由于长期陷入伊拉克战争，面临严重预算赤字危机的布什竟然开始考虑，准备将夏威夷卖给日本。在获知布什准备出售岛屿的计划后，98%的夏威夷居民称，他们感到'极度愤怒'。"

事后经过调查核实，发现这则新闻是一则虚假新闻。报纸刊登的当天，就有人在国际在线澄清："在互联网上稍一查证，发现这篇所谓的新闻在美国或世界其他权威媒体上都未见引述，而唯一刊登过该消息的是美国的一家称为《世界新闻周刊》（World Weekly News）的娱乐搞怪杂志。国内媒体未经核实就几乎一字不差地翻译了《世界新闻周刊》报道的全文。当然这则新闻也因为它的荒诞不经而被评为了2005年十大假新闻之一。

（四）竭尽全力获取事实——"衣带渐宽终不悔，为伊消得人憔悴"

真正在一线采访的记者，常常要付出很高的成本。有些记者在采访中遇到重重障碍，受尽了刁难和冷遇，常常弄得心力交瘁、疲惫不堪，但是如果他们最终拿到了关键性的事实，他们就成为了胜利者。在新闻采访中我们必须把事实作为我们奋斗的目标，并为之付出不懈的努力。

正是由于千千万万的记者在一线采访奔波，他们风餐露宿，日夜兼程，忍受着艰苦和劳累，随时出现在事发现场，将千里之外、纷繁复杂的事实真相及时呈现在受众面前，将公众的感官延伸，使他们看到原来看不到的现场，听到原本听不到的声音，新闻事业才显示了它在现代社会中不可或缺的桥梁作用，新闻工作者才尽到了社会瞭望者的崇高职责。

二、采访任务的第二个要素——拿到真实的事实（真实性）

在新闻这个领域里，"真相"的价值是至高无上的。记者拿到的事实在多大程度上可以经得住真实性的检验，是每个记者在采访中时刻要考虑的问题。

（一）真实性的含义

真实性，主要就是指新闻报道必须反映客观事物的原貌。按照新闻学的观点，真实性是新闻的根本属性，是新闻的生命线，是新闻赖以生存的基础，是新闻报道的基本原则。作为新闻的基本属性，真实性是由新闻自身的规律所决定的，是广大读者的要求，也是报纸、广播、电视等大众传媒取信于民的关键所在。

（二）新闻采访对真实性的具体要求

新闻采访对真实性的要求可以分为三个方面：

1. 每个事实的要素要真实

所谓的基本要素是指时间、地点、人物、事件、原因。这些都是新闻赖以生存的因素，或者说弄清楚一个事实的起码条件、几个基本的环节。在任何一个环节上若有半点虚假，都会招致读者对象对整个新闻事实的怀疑，因此必须真实可靠，不能含糊其辞。

2. 每个事实所发生的背景和环境材料要真实

任何事物都是在一定的环境和历史条件下产生的。新闻报道中的新闻事实也不是孤立存在的，而是客观事物总体中的一个局部；同时，任何新闻事实的现状，总是联系着它的过去，总是有一个从量变到质变的过程，总有来龙去脉、前因后果。因此，在新闻报道中，我们除了报道新闻事实本身外，还常常涉及与新闻事实有关的某些材料，以便让读者正确地认识、理解新闻事件。对于一则新闻来说，无论是浅表性的事实还是背景材料，只要有一点失实的地方，对整则新闻报道都将是毁灭性的。

3. 每个事实的深层次原因要真实

新闻报道除了报道某一具体事件外，相当多的时候还要对涉及这一事实的大量相关事实进行整体的综合、概括与分析。这种概括与分析也要符合客观实际，这是在更高的层次上对新闻真实性所提出的要求。例如1984年我国粮食丰收，一些地方出现了"卖粮难"的问题，新闻界如实地报道了"卖粮难"的具体表现，如农民卖粮要排长队、国营粮站收购不了等。但有些记者在进一步报道时，把这些具体事实概括为一种现象"粮食过剩"，并提出"粮食多了怎么办"的问题。这个概括就不符合客观实际了。因为当时"卖粮难"的根本原因在于粮价不合理，卖粮的渠道不通畅。把这一现象概括为"粮食过剩"，显然违背了事物的本质真实。

（三）对新闻报道真实性的检验

1. 与事实相关的知情者对报道的真实性的检验

新闻报道的特点是"笔写真人"，"笔写真事"。报道中的真事刚刚发生过，相关知情者还记忆犹新。这些被报道的新闻人物和事实的知情者是报道真实性的最权威的检验者，是最有权利对报道的真实性提出质疑的人。

2009年7月7日，英国《伦敦晚报》官网报道乌鲁木齐"7·5事件"

时配发了中国中央电视台公布的被暴徒袭击的无辜群众相互安慰的视频截图，图片中是两位被暴徒袭击后满是鲜血的少女。然而，《伦敦晚报》给出的图片说明却写道："两名女士在被警察攻击后，互相安慰。"这样的报道，所有经历过事件的人都能证明其不真实。

2. 社会实践对新闻报道的检验

人们常说"新闻是历史的秒针"。新闻报道也常常受到历史的检验，受到社会实践的检验。历史的检验是一个媒体能够建立公信力的基础。如果一个媒体对事实的报道，不仅能做到要素上的准确，还能做到事实分析上有深度和预测中具备历史眼光，那么这个媒体的公信力就能逐渐建立起来，成为社会主流人群所依靠的信息来源。

三、采访任务的第三个要素——拿到有新闻价值的事实（新闻价值）

记者在采集事实之前和采集事实之中，始终要考虑的主要问题是：这个事实有没有新闻价值？有多大的新闻价值？事实的哪一部分具有新闻价值？这个事实还需要哪些材料才能衬托出它的新闻价值？

（一）新闻价值及其构成要素

新闻价值——新闻事实或相应作品满足传播主体或接受主体新闻需求的程度，是衡量事实能否构成新闻的客观标准，也是新闻事实或相应作品所含新闻构成要素的总和。目前学术界公认的新闻价值的构成要素主要有时新性、重要性、显著性、接近性、趣味性。

（二）如何拿到有新闻价值的事实

要判断客观事实是否具有新闻价值及新闻价值的大小，新闻记者必须具备比较清晰的新闻价值观：熟悉受众共同的兴趣，熟悉社会普遍存在的问题，熟悉党和政府在某一阶段的中心工作。这些都是新闻记者判断

新闻价值的一个坐标系。坐标系越清晰,新闻敏感就越强,就越具有新闻发现力。如下面《海归硕士当选村委会主任》案例:

本报讯(记者 李艺 张佳玮 报道组 叶圣义) 一个历经360多年风雨的永嘉偏僻山村,昨天爆出一大新闻:回乡投身新农村建设的28岁留英硕士章文琼,高票当选为永嘉巽宅镇小坑村村委会主任。当地政府部门向国家民政部咨询后确认,海归硕士担任村委会主任,在全国尚属首例。

昨天的选举会上,散居在七个自然村的405名选民投下自己的一票,实收有效选票397张。除了11张空白票和1票投给原村委会主任外,385位选民将选票投给了章文琼。

"留洋回来的小伙子来我们山里搞建设,大家很高兴。"在巽宅镇务工的村民刘仙北,昨天特地坐了一个多小时的农用三轮车赶回村里,投上赞成票。对于这个地处海拔650多米高山、年人均收入只有2100多元的贫困山村而言,昨天的选举给他们带来希望,村庄里随处可见的标语道出了大家的心声:"选好带头人,幸福你我他。"

出生在小坑村的章文琼,7岁起外出求学,21岁只身前往英国伦敦求学,取得金融工商硕士学位。5年的留学期间,他趁学习间隙坚持勤工俭学,辛苦积攒下了70多万元。回国2年里,章文琼在上海、天津等地帮助父母打理生意,赚了20多万元。今年4月,章文琼作了个惊人决定:将自己的100万元积蓄捐给家乡,建设新农村。

山村旧貌未改的现状和国家建设新农村的号召,使得章文琼不仅捐了款,还决定放弃年收入十多万元的工作,留在村里,与乡亲们一道建设村庄。近3个月来,章文琼与村两委成员,安装了12盏照明路灯,启动了整修路面、整治环境卫生、建自来水管道等工作……这一切,小坑村人看在眼里,记在了心上。

看到这一切,还让62岁的前任村委会主任章厚进作出"让贤"的决定:"我年纪大了,身体也不好,一直想找个有水平有能力的年轻人接班。"7月7日,章厚进的"让贤"获得村民代表大会的一致通过,辞去了村委会主任的职务,并将章文琼推荐为新的村委会主任候选人。

当选村委会主任后,章文琼向村民们发布了"施政报告",提出了改变原始种植方式,开发旅游产业,建立教育奖励、医疗救助、老年补助等基金等设想,并庄严承诺:"我将尽我所能,带领大家走出一条适合小坑村发展的路子。"

四、采访任务的第四个要素——拿到典型的事实(典型性)

现实生活是复杂的,事实是大量存在的,选择什么样的事实才能表达记者的观点或倾向,对于新闻采访至关重要。一言蔽之,选择典型事实,应该选择具有较强接近性、针对性和重要性的新鲜事实,这样不仅可以使读者迅速得到一个深刻的印象,而且也可以准确地表达出记者的观点。

(一)什么是典型事实

典型事实,就是指具有较强接近性、针对性和重要性的新鲜事实。具有以下四个特点:

1. 典型事实必须是真实发生的,而不是虚构夸大生造出来的假事实。

2. 典型事实一般都是感性的事实。它常常是一个故事、一个场面、一个活生生的人物,是最容易被受众注意到的事实。

3. 典型事实是蕴含着理性的感性事实,是代表宏观的微观,是人们最有可能从中体味出道理的感性事实。

4. 典型事实是具有代表性的事实,体现为典型的行为、典型的场景、典型的人物和典型的语言。

(二)如何选择典型事实

1. 选择真实的事实。

2. 选择蕴含着理性的感性事实。

3. 选择具有代表性的事实。

4. 避免虚构和夸大。

选择典型事实，应该选择具有较强接近性、针对性和重要性的新鲜事实，这样不仅可以使读者迅速得到一个深刻的印象，而且也可以准确地表达出记者的观点。

在长期的宣传中，由于过去强调典型报道的思想性和指导性，新闻媒体在进行典型报道时总是运用固有的模式和事先选定的标准进行报道，以达到典型的完美。因此，就出现了报道典型人物一定是一心扑在事业上，不顾家庭，不顾身体的超凡脱俗的形象，报道典型单位就是成绩显著而毫无瑕疵，使典型高大完美到令人不可信的地步。典型模式化：先进＝牺牲、奉献＋亏待家人＋几十年如一日＋最后累倒在自己的工作岗位上。如下面的描述：

"他至今还穿着四五年前补丁摞补丁的衬衣，全家人仍住着不足60平米的房子"、"他日常生活很简朴，一般吃些煎饼以及炒豆腐之类的小菜"。

为了突出某个干部的业绩，经常用否定历史的办法凸显其业绩，如：这里十年九旱，群众饮水如何如何困难，前几任书记都没解决，只有某某书记来了之后，这个问题终于……但这种典型，第一不真实，第二容易伤害被报道人物周围的人，从而伤害了他的人际关系，报道结束后，记者出了名，新闻人物却遭了殃。

五、采访任务的第五个要素——快速地拿到事实

记者要追踪和报道最新发生的事实，在采访过程中要做到"快速"，即：快速地奔向车站或机场；快速地找到下一步的交通工具；快速地进行采访的准备；快速地熟悉被采访事实的背景；快速地运用你的情报资源——朋友网；快速地寻找知情人；快速地打破和被采访人的隔阂；快速

地设计提问提纲；快速地变换采访方案；快速地寻找最佳观察点；快速地用笔记录、用设备拍照和拍摄；快速地分析你所得到的材料；快速地提炼报道的主题；快速地设计报道的结构；快速地寻找你所需要的素材；快速地与编辑部联系，协商报道方案；……总之，快速就是采访的特点。尤其是在抢发动态新闻的过程中，记者始终是在时效的压力下采访。

第四节　采访的指导思想

我们的采访活动，必须坚持以马克思主义的认识论作为根本的指导思想，以辩证唯物主义观点和历史唯物主义观点来观察分析问题。具体来说有以下4个方面：

1. 坚持唯物主义的反映论

唯物主义反映论是唯物主义认识论的基本观点。反映论从物质第一性、意识第二性的基本前提出发，认为认识的内容来源于客观世界，认识是人脑对客观世界的反映。坚持唯物主义反映论就一定要真正处理好新闻与事实的关系。新闻来自事实，由事实构成，是事实的记录和再现。事实第一性，新闻第二性，先有事实而后才有新闻，两者的关系不容分离，更不容颠倒。坚持唯物主义反映论还要有实事求是的勇气和遵纪守法坚持原则的决心。真实是新闻赖以存在的本质，失去了真实，新闻也就不复存在了。虽然记者的采访在一定程度上具有某种特权，但是也要坚守原则，不做触犯法律的事，不做有损人民利益的事。

2. 讲究唯物辩证法

唯物辩证法认为："普遍联系"和"永恒发展"是世界存在的两个总的基本特征。矛盾（即对立统一）的观点是唯物辩证法的核心。

在新闻采访中，要运用唯物辩证法正确地选择事实，有了事实，才好进行下一步的工作。但是，并不是拿到事实就可以写稿了，还要对事实进行观察、分析。记者拿到手里的资料有自己亲身验证的，还有经过他人的口转述的。由于记者本身对事实的认知就带有一定的主观性，而且在口口相传中，事实也会失真，所以一定要去伪存真。在这个过程中，还要考虑到事物之间普遍的联系性，综合考虑所有因素作出宏观判断。

3. 要有历史发展观点

任何事物都处于不断的发展变化之中，记者要运用发展的眼光看待事物，正确地认识和反映客观事物及其变化规律，要善于从事物发展中捕捉其特点和新意，还要了解事物发展的历史与现状及其趋势，发掘事物深刻的内蕴。用动态的眼光来审视所发生的事实，用长远的眼光看待事实，这样写出的新闻必定别有一番天地。

4. 突出人民群众的作用

人民群众始终是推动历史发展的主体。记者要正确把握人民群众和领导个人活动的关系，把握先进人物和群众作用的关系，把握领导机关活动与人民群众实践的关系，将人民群众的作用淋漓尽致地展现出来，这样的新闻才是为社会发展服务的好新闻。

第五节　采访的原则

在采访时，为了更有效地与采访对象进行沟通，取得更鲜活的资料，记者还要坚持一些必要的原则：

1. 采访一开始就表明自己的记者身份

就好像你打电话给一个素未谋面的人要自报家门一样，你有必要向被采访对象说明自己的身份，打消对方的疑虑。

2. 说明采访目的

你历尽艰辛，找到了你要找的人，要明明白白地告诉对方你想要从他（她）那里知道些什么，直接一点反而更容易被接纳。

3. 向那些不习惯被采访的人说明，采访的材料将会在报道中使

用

向那些不善言辞的人言明,他所说的事实是你要在新闻稿中呈现的,所以务必要讲清楚那些他(她)所知道的细节,越细越好。

4. 告诉消息来源采访会花费多少时间

你应告诉对方,你的采访大概会花费多少时间,让他(她)有个心理准备或是方便安排自己的事务。

5. 采访时间越短越好

采访时间越短越好,尽量做到简明快捷。就像开会一样,时间越久就会越拖沓,越拖沓就会越让人烦。

6. 向消息来源提出的问题应是其有能力回答的问题

不要要求别人做一些力所不能及的事,这样会使对方紧张或是引起反感、不满等负面情绪,影响采访质量。

7. 避免告诫、劝说消息来源,或与之争论

要放低自己的姿态,你是来向别人请教的,所以不要摆出一副说教的姿态批评指责他(她)说的事实有悖常理,不要与他争论。或许你是对的,但这样很难使人信服你。

8. 恪守消息来源的合理请求

如果消息来源在接受采访或发表谈话时提出以下条件——不注明出处,所提供的材料仅作为背景资料、不公开发表,记者应恪守这些请求。

第六节 采访的工作路线

记者采访的工作路线,概括地说,就是深入实际,深入群众。

深入群众要做到:到第一线去、重要的"心入"、建立采访基点、持之以恒。

"身入"与"心入"——也就是采访既要形体深入,更要思想深入。所谓"身入",就是要到新闻现场去,到群众中去;所谓"心入",就是要深入到事物内部去，弄清事物的内部联系和外部联系，抓住事物的特点和本质，找出事物的规律性。

"路线"是我们进行工作的思想依据、行为准则。新闻采访是记者认识客观事物的活动，必须有一个正确的"灯塔"来"指引航向"。

根据事物发展的客观规律，先有事实，后有新闻。客观事实是第一性的，采访认知是第二性的。有了采访，有了对事实的探究，才能进行新闻写作，进行报道。所以，采访第一，报道第二。

记者要有实事求是的"认知路线"，不能本末倒置，更不能舍本逐末。这一"路线"的核心是求真。真实是新闻的生命线，是新闻存在的基础。为了求真，记者要排除一切有损新闻事实的干扰，外在的和内在的。外部干扰主要表现为各种制度因素的影响，而内部干扰主要表现为记者自身素质的欠缺。如果记者在调查事实的过程中加入了自身的感情因素，就很可能"一叶障目，不见泰山"，使新闻的真实性大打折扣。

除了认知上的正确外，还要有扎实的实干精神。约翰·布雷迪说："采访，就是跑腿，会见各种人物，满足人们的好奇心。"秉承实事求是的认识路线，要求记者必须坚持深入实际、联系群众的工作路线，做到"上下结合"，即所谓的"吃透两头"。记者在采访时，一方面要从领导机关那里了解上面的情况，宏观上"吃透"政策条例和各种规约，另一方面，又要深入实地考察新闻的微观事实。最后再通过对比求证，获知最准确的新闻事实。只有深入新闻现场，直接接触新闻源，才可能掌握第一手的事实资料。并且，在新闻现场，由于有事实的氛围，这样有利于记者作出更鲜活、更生动的报道，而受众也更乐于接受这种目击式的新闻报道方式。

如果不是特别的突发事件，一般情况下，记者接到一个选题后，首先要征得编辑部的支持，并报送采访提纲，即所谓约稿，在得到编辑部的同意后才能展开采访活动。如果不是随意性很强的采访，一般，记者要先跟采访对象预约时间，如果是比较深入、比较专业的采访，可能还要把采访提纲提前发给被采访对象，方便对方作一些必要的准备。在采访过程中，记者也不能墨守成规按部就班地按照采访提纲所设定的路线进行采访。因为在采访的过程中，可能会因为采访对象的某一句话引出新的新闻点，也可能因为被采访对象自身的原因，使得原定的计划不能顺利实施，这个时候，就需要记者灵活调整采访路线和方向，因地制宜、因时制宜重新进行新的采访计划。

附：采访申请表

主题： [申请]采访记者×××申请对×××进行有关×××的采访

内容： 采访人：××××

　　　　采访助理：××××

　　　　采访对象：××××

　　　　采访时间：年××月××日××点-××点

　　　　采访地点：××

　　　　采访内容及提纲：××

第二章
新闻线索

俗语说：巧妇难为无米之炊。如果没有好的新闻线索，文笔再好的记者也无用武之地。作为一名记者，如果不善于从纷纭复杂的社会生活中发现并及时捕捉住新闻线索，就难以成为一名合格的记者，也难以写出丰富而有价值的新闻报道。记者拥有的新闻线索越多，采访的选择余地越大，成功的机会也就越多。

要想写出有分量、有价值的好新闻，首先必须从捕捉新闻线索入手。新闻线索是提示新闻的信号。记者采访的线索大多是以新近发生的事实为依据，有些新闻线索的内容要详细具体，不仅要有时间、地点、人物、事情经过、原因等完整的新闻要素，而且要有生动的细节。新闻线索大多是一个简单的信号，具有突发性，稍纵即逝，如不抓紧采访，一条好的新闻马上就会消失。其表现形态，或者是一个概貌情况，或者是一种现象，或者是个要么有头无尾、要么有尾无头的事件，或者只有一句话、一个数字、一个人名等等。但它们可以起到触动你那根新闻神经的作用，使你敏感地觉察到哪里有新闻。

单就新闻线索的特点而言，它就像无限广阔的生活海洋中溅起的一朵小小的浪花一样，抬头闪动一下，转眼间就消失了。它所传递的信息是不完整的，仅仅是事物的一个点或一个侧面。对于我们的眼睛而言，不是缺少新闻线索，而是缺少发现。其实，只要我们留意，在我们身边处处都有新闻线索；如果我们用心，好的新闻线索也会离我们很近。我们获得新闻线索的途径有很多，只要我们能坚持从新闻规律出发，始终能对我们周边发生或者即将发生的事情保持一定的新鲜度，做到脑勤、眼勤、腿勤、手勤和嘴勤的要求，就一定能不断提高自己寻找新闻线索的能力,就会使我们的新闻采访获取永不枯竭的源泉。

第一节 发现新闻线索的渠道

1. 党和政府的重要文件

新闻报道在很多情况下是围绕着党政工作为中心展开的,党政工作在每一时期都有不同的侧重点,而许多工作是通过不同的文件或重要会议进行发布的。所以注意从党政工作的文件或重要会议上去开发信息,寻找新闻线索,才能使舆论工作与党政工作保持一致,才能做到"贴近"和"贴紧"。

具体来说,要通过各级党和政府及有关部门的文件、工作总结、简报找线索。现在,各级党和政府及有关部门基本上都有文件、工作总结、简报。这些文件、总结、简报有些是定期的,有些是不定期的,有的是遇到重大事件或重大问题才发的。这些文件、总结、简报往往都是对本单位、本部门的工作总结和下一步工作的部署。这些文件、总结、简报会提到某些重要事件,这些事件如果没有报道过,就是我们很好的报道线索。

多看文件材料,获取有用信息。学习文件,是为了武装头脑,从中发现新闻线索。一些文件常常涉及到典型的事件、经验和人物,因而有的是可当作线索,经进一步采访写成新闻。然而,更多的时候是文件材料本身并没有给记者提供任何具体线索,而是记者在文件精神指引下,联系平时积累的情况和对实际的了解,豁然开朗,发现了新天地。例如:我国 2010 年 10 月 18 日中国共产党第十七届中央委员会第五次全体会议通过了《中共中央关于制定国民经济和社会发展第十二个五年规划的建议》。文件深刻总结了今年及"十一五"时期我国经济社会发展取得的成就,全面分析了当前国际国内经济形势,明确提出了明年经济工作的总体要求、重要原则和主要任务,其中第一项任务就是加强和改善宏观调控，保持经济平稳健康运行。从文件入手，才能从宏观层面把握好重要的新闻线索。

2. 各种重要会议

我们的会议很多，比如各种大会、专题会、碰头会、调度会、研讨会。这些会议都是发现新闻线索的好机会。记者要学会从党政机关和各行各业的会议中获得线索。记者由于工作关系，常常要参加一些与自己分工范围相关的会议。在采访过程中，除按原计划报道会议本身之外，记者还要随时注意发现新的线索。记者的视野，不光要注意会上，还要注意会下；不光要注意会内，还要注意会外。许多有意义的新闻线索，常常是由于记者留心，在会下和会外发现的。

事实上，很多搞新闻的人都不喜欢开会，开会时只是蜻蜓点水，听完大会主要发言扭头就走，急着去写稿发稿。这样会将好多有价值的新闻线索丢掉。其实，参加会议往往是获取新闻线索的好时机。会上，领导的发言、群众的意见、观点的分歧、会议的材料文件等，都可能成为获取新闻的途径；会议内外的花絮、会议之后对会议精神和决议的贯彻落实，也可成为新一轮的采访重点。例如，在工厂里，参加调度会是很必要的，它要总结前一天生产中的情况，有问题说问题，有成绩说成绩，有事情说事情，说的都是刚刚发生的事情。有时候，调度会还是专题调度会，比如解决安全、燃料、成本、销售等专题调度会，这些会都会对某些专题深入剖析，会提供许多有典型性供报道的事例。

3. 新闻媒体

报纸、广播、电视等新闻媒体，不但报道新闻，而且提供新闻线索。一般观众看电视、读报，只注意国内外发生了哪些重大新闻，记者看电视、读报，要有职业眼光，还应该发现新闻里的新闻，看看哪些还报道不够、有无深入报道的价值，哪些还需要从新的角度、新的思路去再报道。这其中包括：细心揣摩新闻背景，捕捉反常事态的蛛丝马迹；注意了解新闻与周边事物的关联；寻找现成报道中的破绽；预测新闻发展的方向，对其进行跟踪补充报道；变换角度，突出未被人们重视的新闻事实等等。

每一时期，报纸都有报道侧重点。记者和通讯员要想发稿件，就必须围绕报道中心采写稿件。平时，记者和通讯员都应通过自己阅读或收听、收看媒体的报道或节目，了解该媒体的宣传动向和需求，从而确定自己的选题方向。当我们有了写作时间而没有写作素材时，不妨翻翻最近的报刊和资料，分析一下最近什么内容最热门，什么问题虽点到了却没有说透，哪些问题还值得连续报道等。

4. 因特网

现代社会，网络技术飞速发展，已经进入千家万户。网上的信息更新速度快，发布信息的门槛低，从因特网中寻找有价值有意义的新闻点，也是获取新闻线索的一种渠道，主要有以下几种形式：

网络个人传播，是指个人通过个人网站、网页、BBS 或者博客等工具在网络传播信息的方式。每一个在网络上传播信息的人都成为了一个媒体。调查记者可以通过这些网络个人传播载体发现可供调查的新闻线索。

网络人际传播，就是通过电子邮件或者网上聊天工具来传输信息、沟通交流。调查记者可以把自己的信箱公布出来，以便得到更多的新闻线索。柴静曾经在自己的博客中说："明天晚上一套 22:38 播出《新闻调查》，上周播出的与医疗有关的节目，和这期即将播出的与教育有关的选题都是从大家发给我 263 信箱的电子邮件里选择出来的。谢谢信任。"

网络群体传播，是通过网络在一些非正式群体中传播信息。群体传播的主要载体有 BBS、聊天室、同学录、贴吧等等。每一个进入 BBS 的网民既可以浏览又可以发布新的信息，他们既是信源又是信宿。现在很多网站都建立了自己的 BBS 系统。BBS 上有各种各样的信息，它既可以帮助调查记者搜寻到适宜报道的素材，还可以帮助他们有针对性地开展调查。

网络组织传播，是一些固定的组织，比如企事业单位通过网络传播信息的行为。目前很多单位都建立了自己的网站，留心这些网站，调查记者不仅可以搜寻到一些蛛丝马迹，还可以了解政策法规，便于记者开展调查报道。目前，国内很多传统媒体在网络有了自己的电子版或者网络版，有的媒体更进一步，建立起了独立性更强、有自身特色的网站。这些网站中的很多信息可以作为调查性报道的线索。

需要调查记者注意的是由于网络传播的特点，网络中的信息良莠不齐、真假难辨，有时候记者到现场看到的情况和网友反映的情况差异很大，辛辛苦苦调查一番后无功而返。还有很多线索掺杂过多个人因素，甚至有为了发泄个人私愤故意诬陷其他人或者单位的。但是，调查记者不能因噎废食，不能因为网络中存在这些问题就放弃这个信息源，那样只会得不偿失。

5. 受众来稿来信来电来访

从群众来稿、来信、来电、来访及日常交往中获得有价值的新闻线索。读者来稿来信，是新闻媒体比较重视的一种获取新闻线索的渠道。报纸上有一些重要报道，就是根据读者来稿来信中提供的线索，由记者进一步采访写成的。新闻的矿藏在群众中，记者与群众广交朋友是获得有价值的新闻线索的有效途径。

现在的很多媒体都设有热线电话，而且设有重奖，鼓励人们提供新闻线索。这等于扩大了他们耳目。这是非常有效的，许多媒体的新闻就是通过热线获得的。北京交通电台有好多出租车司机都是媒体的通讯员，哪里发生交通事故，他们会在第一时间把消息传到媒体。

受众的来稿、来信、来电、来访，都是针对身边的问题或者社会不公平的现象，具有很强的贴近性。这样的新闻线索会引起社会的广泛关注。这些新闻线索是从群众中来的，是从沸腾的生活中来的，是从丰富的实际中来的。受众沸腾的生活，丰富的客观实际，是新闻线索的"源"。深入这个"源"，就有取之不尽、用之不竭的新闻线索。

6. 记者招待会

记者招待会，又称新闻发布会，是社会组织或个人根据自身的某种需要，邀请有关新闻单位的记者、编辑、主持人以及社会听众，宣布某一消息，并接受参加者提问的一种特殊会议。它是一种极具影响的公共关系活动。记者招待会上会针对新近发生的事情或者就某一事件发表态度或说明。现在在有重大事情、活动时，往往以举行记者招待会的形式来传播信息。记者可以从记者招待会上获取新闻线索，从有价值的信息入手，结合当前的社会热点和话题，可以写出一篇公众关注的报道。

7. 各机关的活动

现在的各种机关活动，尤其是大型会议、决定、文件，其中都包含着许多有价值的新闻信息，往往会透露出许多重要的、鲜活的采访线索。机关活动是针对当前的问题所采取的一种措施，是一种文件的下达和精神的指示，是新闻媒体采集新闻线索的重要来源之一。

8. 外宾来访

外宾来访通常都会带有一定的目的，或许会成为以后政治、经济、文化等发展的一个转折点，是一种交流。任何一件国际国内大事，都会对当地的政治经济生活产生这样或那样的影响。只要当地的读者关注它、议论它，必有新闻可做。关注外宾来访，特别要了解外宾来访的目的，懂得抓住契机，从外宾发表的谈话中找出新闻线索。

9. 街头事件等

现实形象有些是看得到的，有些是听得见的，有些是可以触觉到的，有些是能够预感到的，这些形象集中到一起，形成记者对周围世界的认识，从而使自己的采访置于具体的时间、地点和人物事件发生的环境中，把握时代的脉搏，反映社会现实。从日常观察中找线索。有经验的记者在日常生活中，善于观察，善于研究，因而就善于发现新闻线索。街头事件是日常生活中能接触到的新闻事件，其大多数是突发事件或者新鲜事，要从中寻找新闻线索，找到有价值的信息，才能做好独特的新闻报道。

第二节　增强新闻敏感

一、新闻敏感是记者识别新闻的敏锐能力

在新闻界，新闻敏感被称为"新闻眼"、"新闻鼻"和记者的"第六感官"。把新闻敏感称之为新闻的"鼻"和"眼"。意思是：新闻记者靠灵敏的嗅觉和锐利的眼光来判断一件事是不是新闻。新闻敏感是记者必须练就的业务素质，世界上每天发生的事千千万万，但大部分构不成新闻，只有经过记者的观察、辨别、判断，找出其中重要的、有价值的事情，才能写出好新闻。

从传播学角度看，新闻敏感是新闻记者的悟性，是新闻记者政治水平和业务水平的综合体现，是记者发现和判断客观事实是否具有新闻价值的能力。一个记者是否具备良好的新闻敏感，不但是记者在政治上业务上是否成熟的标志，直接影响着采写新闻的数量和质量，而且决定着记者的职业命运。记者应该努力培养和增强自身的新闻敏感，练就一个嗅觉发达、高度灵敏的"新闻鼻"，去发现新闻、捕捉新闻，才能在激烈的竞争中立于不败之地。

记者的职业敏感集中地表现为对于新闻的敏锐程度和判断能力。具体地讲，就是记者对社会现象的观察能力，对客观事物发展变化的反应能力，对新闻线索的辨别能力，以及对新闻事实的分析能力，归结到一点，新闻敏感就是记者发现和识别新闻价值的能力。发现和提炼新闻的能力，是增强新闻宣传针对性、实效性，加大吸引力和感染力的必然要求，是新闻工作者具备的工作能力。新闻工作者能否在纷纭复杂、浩如烟海的新闻事实中，及时观察和敏锐分辨有价值的新闻事实，其直接着力点靠新闻敏感。可以说，新闻敏感是打开新闻大门的一把钥匙。丰富多彩的现实生活犹如一座百宝山，有的记者能从中挖掘出许多有价值、引人注目的新闻，有的记者则视而不见，与许多有价值的新闻失之交臂。

二、中西方记者的新闻敏感

美国著名新闻学家卡斯柏·约斯特指出："一个不善于辨别色彩的人，不能成为一个画家；一个不懂得和谐的人，不能成为一个音乐家；一个没有'新闻敏感'的人，也不能成为一个新闻记者。"新闻敏感是记者从业能力的基础，新闻记者必须有意识地培养自己的新闻敏感能力，才能适应时代发展需要，写出优秀的新闻作品。

在今天这种高度商业化和媒介化的社会里，新闻的合理运用是一个政府成功的关键，新闻执政已经成为成功的政治和治国不可缺少的重要部分。但是，对于新闻敏感的产生机理的方面，中国和西方国家存在着一些方面的差异，其中最主要的，应该是中西方政治导向的差异。

中国的政体是以共产党为主导的人民代表大会制，中国社会不是被阶级或利益集团区隔的社会，政体也不是以阶级斗争之制度化为基础的政体。党报通过对国家政府中一系列重大方针、政策的解读折射出的是中国政府政治体制民主化进程的日益发展，维护的是政府的民主进步的形象。很多学者、新闻工作者都指出，政治敏感是新闻敏感的核心。他们认为新闻工作是一项政治性强的工作，要培养新闻敏感，首先要在政治敏感上下工夫，因为政治敏感是新闻敏感的核心和关键。政治敏感越强，其捕捉新闻的本领越大，反之往往会以偏概全。记者要培养自己的政治敏感，其根本在于掌握上头的政策和下头的情况。新闻记者要不断学习政治理论、党的方针，以便培养新闻敏感。因此，作为新闻工作者要加强政治理论学习，要在政治上、思想上等方面同党中央保持高度一致，处理好新闻的客观性与政治性的关系，处理好维护人民利益同贯彻党的路线、方针、政策的关系，作出真实客观的报道。对于记者来说，对政治理论的学习是非常重要的，只要掌握了政策，就能从中发现闪光点，就能写出好的新闻稿件。

西方国家的政体是多样的，比如资产阶级国家有君主立宪制、民主共和制、三权分立等等。拿美国政体举例，从大的方面说，美国没有君主，是实行共和制的国家。美国共和制的特点是实行三权分立，但行政、立法、司法三大机构中，又以掌握行政和军事大权的总统为核心。首先，西方民主保障政治的自由讨论。在美国，媒体掌握在私人手中，不受政府审查。独立的报纸、杂志、电视、广播以及其他形式的媒体在美国有着深厚的传统，它们公开发表各种批评和拥护政府政策的观点。比如，美国CBS公开指责政府歪曲新闻事实的现象，还有一些新闻工作者爆料克林顿的新闻办公室在其白水门事件、性丑闻等事件的处理上的内幕等。其次，西方领导人专门成立政府新闻办公室。在西方国家，很多的执政者和领导者都发现了新闻执政的重要性。比如美国，无论是里根、布什还是克林顿，都成立了自己的新闻办公室，在政府与公众沟通的系统中，处理公共事务等。

三、怎样培养训练新闻敏感

1. 要增强政治敏感

新闻工作是政治性很强的工作。新闻敏感首先取决于政治敏感。记者的政治敏感，是指当一个或数个新闻事实出现时，记者能立即将该事实同党和政府的中心工作联系在一起，看其对推动当前工作和发展当前形势有何积极的意义。政治敏感是指对党的路线、方针、政策的理解和掌握，它是新闻敏感的核心。只有不断加强政治理论、方针政策学习，不断了解、摸清变化中的情况，政治敏感才能不断提高。新闻工作者要识别某个线索或事件的新闻价值，可以从新闻性、显著性、接近性、趣味性等多种要素去判断，但是关键的要素是重要性。

2. 要增强社会责任感

社会责任感是新闻敏感产生的思想基础和根本条件。记者的社会责任感越强，不断触发新闻敏感的机会就会越多，产生的动力也就越大。作为记者，应有强烈的社会责任感，要关注老百姓关心的事，关注每时每刻都在不断发生的新闻事件，有了社会责任感，新闻敏感往往会应运而生。具体到每一个记者身上，就是坚持党性原则，认真做好党、政府和人民的忠实喉舌。记者应善于从政治上观察问题，善于发现事物的政治意义，对于那些事关全局、为广大群众所关注且迫切需要解决的问题，记者都要以巨大的政治热情、特有的机敏和才智，科学地剖析其产生的缘由，以强烈的责任心和远见卓识，提出解决问题的办法。记者的责任感越强，不但触发新闻敏感的机会越多，而且产生的动力也越大。

3. 要有全局观念

一个合格的新闻记者，是站在时代船头的守望者，应该眼观六路，耳听八方。要把全局需要和当地的实际情况、典型事例结合起来，要善于从全局着眼、从实际出发。比如一个行业报的新闻记者，不仅需要了解全行业的基本情况，了解本行业的改革进展、发展趋势及其他重要情况，而且还要了解本行业内部各单位及基层的情况。一位地方报的记者，不仅要对本地区综合情况有一个大致的把握，而且要对邻近地市、全省的发展乃至全国的情况有一个基本的了解。这样，在写稿的时候，才能够心中有数，才能把握好分寸。因此，提高报道质量，还是要从增强全局观点来着手。

4. 要注重积累

从心理学的角度来说，新闻敏感是对事物的一种"直觉"。这种"直觉"只有与丰富的知识以及从实践中积累的经验相遇，才能擦出新闻敏感的"火花"。要不断扩大自己的知识面。新闻敏感与知识联系在一起，知识面广的人，往往思路开阔，头脑敏捷，对新闻的捕捉力强。当记者的，不但要在采访本身下工夫，而且还要多下些"稿外工夫"，要多读、多写、多思、多交游。如果我们能在工作实践中不断学习，积累和丰富自己的知识，新闻敏感就会不断有所提高。积累贫乏的记者，外界的信息再强烈、再珍贵，其思维的空间也是狭隘的，不容易产生联想，更难以产生创新思维。一名记者，如果对他所要反映的东西不了解或知之甚微，那就很难搞好报道。记者要善于利用工作面宽、接触人多、报道任务广的特点，抓住和利用这种工作中的学习机会，注重日常积累，就会不断开阔自己的知识领域，随着知识的广博、深厚，发现和表达新闻的能力就会日渐增强。

5. 要善于思考

常有记者感叹自己不是当记者的料，要不这么多年下来，为什么搞的尽是一般化的报道。殊不知，这些记者的采访可能总被一些表象甚至假象的事物牵着鼻子跑，而忽略了深层次的思考和挖掘。从理论上讲，新闻发现力不能简单停留在对新闻价值的判断上，记者的工作绝非一般的发现新闻、报道新闻，而是要探寻和挖掘那些往往深藏不露但含金量高的事实，追求并实现新闻价值的最大化和最优化。记者需要有丰富的工作、生活经验的储备，并且善于思考，才能挖掘出有价值的新闻。

6. 要注重实践

在对社会的深刻感受中培养新闻敏感。记者对生活的感受越深，新闻敏感就会越强。在实际生活中，记者需要全身心地对各种各样的新鲜事物进行搜寻、调查、研究和比较分析，从而提高自己对新闻的敏感度，发现别人不能发现的新闻细节和情节，体察别人体察不到的思想深度和广度，写出"贴近实际，贴近生活"的新闻精品。只有深入生活，多实践，耳朵多听、眼睛多看、脑子多想、笔头多记，才会产生敏锐的职业敏感，才能随时抓到有价值的新闻。因此，记者应努力做一个处处留意的"有心人"，时刻关注重大新闻的发生和发展，更要关注国计民生，在平凡中去挖掘不平凡，深入实践，不断提高自己的新闻敏感。

第三章
善于观察

第一节　对观察的基本要求

有些人说，好新闻可遇而不可求。其实不然，只有对生活和事业充满激情、深入实际、深入生活、深入思考，处处留意观察，练就通过正面看到侧面和反面、透过现象看到本质、透过一般看到特殊的眼力，才能发现小事背后的大新闻，开发出有价值的新闻产品。

观察不等于看，有一句谚语说：看的人不少，看见的人不多。就是说看到了的事物并不一定被接受到内部信息系统中，观察是一种有目的、有计划的自觉行动。现场是新闻事实的依托和表现形态，是新闻发生的环境，是人物活动的舞台。记者只有通过现场亲身观察了解，才能获得有价值的新闻事实和材料。

一、观察要敏锐

新闻采访的即时性和随机性特点，使得敏锐的视觉观察能力对新闻采访来说变得越来越重要。观察可以帮助记者获取新闻线索，特别是记者通过现场观察可以获取直接感受的、生动的第一手材料，使新闻报道具有真情实感、可信性、深刻性以及可读性。新闻记者必须首先具有好奇心，才能保持观察的敏感。记者无论在采访时还是在平时工作中时刻要做有心人，要对周围的事物保持一种好奇心，用自身的敏锐观察力，才能获得宝贵的题材。

二、观察要独特

观察要找到独特的角度。角度就是指记者观察和反映社会生活的总视点，也就是站在什么位置、选择什么方向去观察和反映社会生活。要做到人无我有，人有我特，人特我新，这样做出来的新闻才会吸引观众。同一的创作题材，同一的生活形态，从不同的视点加以观察和表现，结果是不同的。选择最佳角度其实就好比开设了一个理想的窗口，能让观众把目光集聚到最有价值的地方。记者通过自己独特的视角去观察，才能有自己独到的发现和见解，才能有可能把新闻点生动、立体地报道出来。

三、观察要准确

通过观察，记者要避免个人偏见或者片面性的见闻，才能维持新闻的真实客观。在记者观察中，由于错觉或经验的影响，有时也会产生失误，所以在观察中要尽量避免观察错觉的产生。观察可以获得第一手材料，确保新闻的准确性。记者在采访中获得的第一手材料，是指记者不经过任何中转环节直接从他要报道的事实那里得来的材料。因而，记者要确保自己的观察是客观的、全面的，才能保证自己的第一手材料是有事实作为支撑的，这样观察到的新闻才不会失真。

四、观察要抓要害

观察要细致入微，要抓住事物的要害，才能反映新闻信息的最重要最有价值的地方。现场新闻就是要写现场、写场景，记者在现场观察时，应该仔细地进行观察，抓住事物的要害，尽力捕捉能够反映事物特征的情节和细节，这样写出的新闻报道才会具有鲜明的个性。在记者观察中，记者应注意分析事物的特点，比较事物的异同，善于从中找出重要的信息或者至关重要的新闻点，这样才能作好新闻报道。

五、观察要抓特点

什么是现场最有价值的事件？什么是现场最能激发观众兴奋点的情节、细节？抓住事物的特点，才能获取报道的角度和切入点。特别是相似的内容、相同的题材如何能另辟蹊径，求新求异呢？其实，相同题材的事物特点就存在于相异方面。例如我们年年都要报道大学毕业生人才交流会，那么，年年的供求情况都不一样，不一样就是特点，只有找准了特点，才能符合实际，贴近生活，让观众信服。

六、观察要深刻

通过积极的思考，进行深刻的观察，才可以加深对新闻事实的理解，增强新闻的可读性。人们对客观事物的认识，是从现象到本质，从感性到理性的不断深化、飞跃的心理过程。记者在采访观察时，不仅要敏锐地抓住采写对象的表面特点，更重要的是要抓住人物或事件的本质特征。记者必须通过现象看到本质，并善于把表面现象与本质特征联系起来考虑，通过生动的形象去表现本质，才能加深新闻报道的深度。

第二节　观察术

一、选择恰当的观察位置

记者在观察某一事物时，自己应处于何处是很有讲究的，应根据一定的科学原理精心选择。观察位置选择的好与坏，直接关系到观察的效果，甚至关系到采访的成败。正所谓"横看成岭侧成峰，远近高低各不同"，不同的观察角度对事物的认识程度也会不同，记者需要选取最能体现事物特征的角度进行观察。观察角度不同、方法不同也会带来认识的不同。因而，记者要选好最能获取新闻信息的位置，提前到达目的地，选择恰当的位置，才能为自己的报道抢占先机。

二、粗细结合，以细为主

观察要粗细结合，粗是只眼观全局，作一种全面的观察，才能把握整体情况，要做到心中有数。这样的整体把握是不可缺少的，至少要弄清楚新闻事件的五要素，才能对整体有较好的了解。报道不可能面面俱到，细要求观察要捕捉细节，才能使新闻报道做得出色。在做新闻时，一定要观察、捕捉能反映报道主题的典型细节。记者在现场要进行理性的思考，从纷纭复杂的现场捕捉信息含量最大、最有内涵张力的新闻点，这样的报道才能抓住受众的眼球。

三、用眼睛调查数据

用眼睛调查数据，是记者善于思考和细心收集信息的表现。眼睛看到的是事物客观的外表展示，可以从视觉上判断人物、物体等的数量，为新闻报道提供有力的数据支撑，从中也可以发现新闻的独到之处。从眼中观察到数据，从数据中发现新闻，这是记者本身比较灵活使用的观察技巧。例如，到达一个突发事件的现场，看到在闹市的有几个人，受伤的有几个人等，可以看出事情的严重程度。

四、在比较中观察，在观察中比较

在同一类事物或类似的事情中，肯定会存在着异同。记者就是要对其进行比较，同中求异，才能找到有价值的新闻点，也是记者进行观察和思考的成果。有目的对比的观察，能更有效地发现新闻线索，而记者采访目的与任务的明确性，直接关系到新闻采访的效果。通过观察比较，能找出事件之间的不同之处。抓住新闻现场个性化的细节，就能使新闻活起来，更能增强新闻报道的可读性。

五、观察中联想

观察不是一种机械的录像，而是在一定的报道思想和新闻题指导下进行的一种思维活动。新闻记者采访时的现场观察要通过眼睛的视觉功能，但又离不开思维的制约。在记者采访中"观"和"想"总是不能分开的。好的记者在观察中挖掘有价值的新闻，表面看起来有时有一定的偶然性，其实是他们善于用脑思考问题的必然结果。经过认真观察和思考作出来的新闻报道，才能体现记者的职业素质和思维能力，增强新闻报道的深刻性。

第四章
积累资料

第一节 积累资料的目的

西方新闻界有句名言："一名合格的编辑记者，首先应当是一位合格的资料员。"可见，积累和使用好新闻资料对记者的采编工作是大有裨益的。

新闻实践证明：积累并使用好新闻资料，是写出好的新闻报道的一个重要条件，是记者工作的一项基本功。有关方针政策的新闻资料，可以使记者及时掌握中央精神，提高报道的政策思想水平；有关知识性新闻资料，可以丰富采编人员的知识和群众用语，改进新闻写作；一些优秀新闻作品方面的资料，便于记者研究新闻业务，提高新闻报道水平。

一、积累知识的重要性

1. 记者到底拼什么？一个人拼体力，拼精力，拼来拼去还是要拼文化。缺乏文化底蕴，不仅现在难以抓到"活鱼"，恐怕将来也难以成大器。

2. 新闻敏感从何而来？通常强调的是深入实际，调查研究加上认真思考，等等。这无疑都是完全正确的。但是，两位新闻宣传大家的经历却清楚地告诉我们，还应该加上一条：丰厚的文化素养和文化积累。而这，恰恰经常被人们忽视。

3. 记者是一个处在十字路口的职业，当记者几年后可以发现更适合自己的工作，可以出很多其他专家、学者、企业家，也可以出领导人和政治家。这时，文化底蕴就是你第二次创业的"资本"。所以，无论是为了现在抓"活鱼"，或为了将来的发展，为国家、为社会多做点事，我们都应当抓紧宝贵的时间，多吸收文化的营养，丰富自己的文化内涵，做一个学者型记者。

二、服务于采访报道

一个新闻记者要想在新闻报道上做出较大成绩、成为优秀记者有很多方法，而搞好资料积累、重视学习借鉴是一条重要途径。只要拥有丰富的资料，新闻写作就会方便快捷、事半功倍。所以收集、储存、运用好资料，这是我们从事新闻工作职业上的需要，也是每一个编辑记者应该掌握的一项基本功。

根据多年从事新闻工作的经验，有一重要的心得：记者（通讯员）要重视资料的积累，写稿时才能做到厚积薄发成精品。新闻界前辈范长江也说过："记者写一篇报道需要有广泛的知识、深厚的积累。报道的时候，别人提供的材料要尽量少用，只能占三分之一，其余的三分之二应该是记者自己的积累和观察。这样，才能写得深刻丰富，仅仅就事论事难免干巴巴的。"这的确是经验之谈。要使自己成为一个称职的编辑记者，必须对自己工作范围内的各方面情况有一个比较深刻的理解。

勤于积累资料。新闻是客观事实的真实反映。衡量一篇新闻价值的高低不决定于写作技巧，而主要决定于事实本身的价值。新闻的事实是第一性的，写作技巧是第二性的，所谓"巧妇难为无米之炊"，一个再高明的厨师，如果没有充足的原材料和各种佐料，也是做不出美味佳肴来的。要真实地反映客观事实，掌握的资料越丰富越有利于文章的写作。记者的采访本是积累资料的良好工具。古今中外，凡是与文字工作有缘并有所建树的人，都离不开资料积累，都在这方面长期坚持而花费了极大精力。

精心储备资料。新闻资料在新闻报道中的价值，归根结底就是对新闻资料的使用。离开了现实需要，资料就无法体现本身的价值。这就要求记者在平时的工作中养成搜集、整理、储备新闻资料的习惯。特别是一些会议消息、成就性报道、专题片制作中大量运用新闻资料,使新闻资料成为新闻报道的重要组成部分,这样新闻资料的价值才能通过新闻报道体现出来。

收集储存的资料应该是广泛的、有价值的,不仅包括各类采访记录、会议材料,各类经验总结、报告、统计资料、交流材料、剪报等等,而且包括风土人情、民间故事、群众语言等等方面的内容,有些有价值的材料还应分门别类,按时间顺序妥善保管。

正确运用资料。对熟悉的资料要合理恰当地使用,否则,资料积累便失去了其原有的意义。新闻资料对于新闻报道有着诸多不可缺少的价值,新闻资料本身的价值要通过新闻报道去体现。因此,要收集资料、积累资料,更要去挖掘新闻资料,拓宽新闻报道的广度和深度,充分运用新闻报道来实现新闻资料的价值,使新闻报道更具特色。

三、为将来在一定时候写专著作准备

1. 写作可供教学用的教材

有实践经验的老记者,通过这种新闻资料的积累厚度,开始自己办报、授课、著书立说成一家之言。比如我们新闻教学里现在通用的教材《新闻评论学》就是丁法章这位资深老记者一生新闻工作的结晶。老先生1966年毕业于复旦大学新闻系,先在江西《赣中报》任记者、编辑,之后在《江西日报》做记者,1973年至1983年,在复旦大学新闻系任教,主讲新闻采写、新闻评论等课程。1983年起任上海《青年报》总编辑。老先生既有扎实的专业理论知识,又有着丰富的新闻采访和写作经验,他将自己的所闻所感写成《新闻评论学》一书,供后来者学习和参考。当然这样的例子还有很多,比如梁衡和他的《跟着梁衡学采写》、肖峰和他的《广播新闻业务教程》等。

2. 写作新闻传播学专著

新闻专著对于一个新闻工作者来说是最好的个人思想的体现,平时资料的积累和学习对个人思想认识的提升是很关键的。积累来自对理论的学习和自身的实践经验,而专著文章里面体现的个人认识恰恰是建立在这种积累之上的。像赵振宇的《新闻传播策划导论》、周毅的《传媒人才学概论》,这些专著都是个人积累发生质变以后建构的思想体系和一家之言。

3. 申报科研项目

在大学,对老师著书立说是给予鼓励的,国家专门设立社科基金项目,资助大学老师从事社科研究。

第二节　新闻资料的使用

新闻资料是新闻写作灵感的"催化剂",也是新闻写作的"食粮"。之所以注重积累,说到底就是为了使用。

1. 采访中资料的使用

采访中,如果记者对采访对象一无所知,很难收到预期的采访效果,采访对象也对这样的记者不感兴趣。新闻资料是编辑记者与被采访对象沟通的桥梁,如果采访之前,先熟悉一下有关的新闻资料,情况就会大不一样。记者可以从新闻资料中得到启发,从而以知情人的身份介入其中,这样的采访才能有的放矢,游刃有余,才能收到预期效果。

2. 写作中资料的使用

在新闻写作中,新闻资料的应用在于充当背景材料。背景材料是对新闻事件发生的历史、环境与原因的说明,是解释事件发生或人物成长的主客观条件及其实际意义,是为烘托和发挥新闻主题服务的重要新闻要素。常见的新闻背景材料主要有人物背景、地理背景、历史背景、事物背景、知识背景等等。

新闻中如果缺乏必要的背景材料,就会索然寡味,甚至不知所云。新闻稿件不能只孤立报道某一新闻事实,还要阐明事实发生发展的条件,烘托新闻主题,突出新闻的重要性,增加新闻的可信度,使受众了解新闻事件和周围事物的关系。

用新闻资料作背景，可以用在新闻的主标题、副标题、导语、主体、结尾。背景材料要简练，内容要新，应该是受众未闻欲知的信息和知识，是与新闻主体有实际联系的材料。

第三节　长期坚持，方法多样

1. "**思想库**"。记载的是学习和思考问题的摘记、心得体会等等。把这些东西及时记载下来，不断加以深化和扩展，对宣传报道很有帮助。

2. "**资料库**"。把平时收集的简报、总结、讲话、报表等汇集起来，按行业或人物装订成册，成为采访时的重要线索和背景材料。

3. "**信息库**"。记载的是传闻、轶事、突出的印象、生动的场景等等。总之，记录下自己接触、观察到的一切。

一、长期坚持，点滴入手

新闻记者、编辑在采编新闻报道时所需要的一切材料，都可称为新闻资料。新闻报道涉及到人类社会活动的各个领域和行业，古今中外，无所不包。凡是新闻报道所涉及的地方，都是新闻资料收集所包括的范围。概括地说，它包括政治、经济、军事、教育、卫生、文化、历史、哲学、国际关系等方面内容。

记者积累资料，是为自己采访报道的实际需要服务的，是有目的、有重点的。它与新闻单位资料室保存的资料不同，不需包罗万象、面面俱到，而应该围绕自己的报道分工、采访任务、与报道有关的政策信息以及新闻业务学习和研究来进行。

记者应积累的第一类资料，是采访报道所需的材料，可分为临时性和基础备用两种。前者为一时采访任务需要而积累的资料，采访报道结束，没有长期保存价值的资料应及时淘汰；后者是为长期报道打基础使用的资料，主要包括自己分工的某一领域、专题，有关部门的过去及现在的基本情况、存在的问题、发展远景、典型单位和先进地区、人物的情况，以及上述诸方面的经验、教训、影响等。

记者应积累的第二类资料，是党政方针、政策、文件、决定。积累这类资料，是为了提高编辑记者的政策思想水平。

记者应积累的第三类资料，是新闻业务学习需要的。包括新闻报道的优秀作品、文化修养书刊、新闻采访经验、知识性资料等。

以上所积累的资料，需要注意其新闻性和可读性，涉及面不可过窄，但又要有所侧重，着眼点应放在当前迫切需要解决的热点问题上。

新闻资料的积累

常言道："好记性，不如烂笔头儿。"就是说，随时把看到听到的有意义的事记下来，以备急用，这就是积累资料的经验之谈。下面介绍几种积累方法，仅供参考。

建立采访档案。指记者把自己负责报道的地区、行业及采访单位、人物等概况，简练地摘记下来，存入档案以备随时取用。

建立政策法规档案。新闻业务是一项政策性极强的工作，记者要随时把与自己报道内容有关的党政方针、政策、文件、社论、决定等及时归档，以备查考。

建立业务学习档案。指的是将一些与提高新闻写作水平有关的好作品剪下或摘抄下来，做好索引卡（注明出处、时间等），分类保存，以便查阅。

另外，还可以通过建立分类专题采访本和写采访日记的办法来积累有参考价值的新闻资料。

二、方法多样，不拘一格

1. 笔记本记录

为什么把从事采访工作的专业人员，叫做"记者"？我没有认真考证，但顾名思义，大概跟"记"字含有"记录"、"记载"之意有关。《汉书·艺文志》上说："左史记言，右史记事。"新闻记者又"记言"，又"记事"，兼有古代"左史"和"右史"的两种职能，可见"记"对于新闻记者是何等重要。

果戈里有一个近五百页的笔记本。他总爱把自己每时每刻看到的、听到的传闻趣事、警句谚语随时记到这个笔记本里。果戈里说："一个作家，应该像画家一样，身上经常带着铅笔和纸张。一个作家如果虚度了一天，没有记下一条思想、一个特点，也很不好。

不过，新闻记者的笔记本，不同于作家的笔记本。作家的笔记本里，主要是储藏以后写作时所需要的生活素材；新闻记者的笔记本里，则主要是现在就要用的东西。

斯诺在我国西北的革命根据地采访，记下了十几本日记，拍摄了30卷胶卷，还搜集了几磅重的共产党杂志、报纸和文件。假如斯诺的笔记本丢了，那么可以想见，我们是不会看到世界著名的《西行漫记》的。

笔记本几种类型

记者笔记本的内容丰富，种类繁多，比较常用的笔记本主要有以下几种类型：

（1）消息来源手册

上面记着经常同自己保持联系的人的姓名、职务、通讯地址、电话号码。譬如领导机关的主要负责人姓名，各级政府调查研究室的负责人的姓名地址、电话号码。并注明熟悉程度，何时何地、哪些已采访过，哪些还没有采访过。

（2）理论学习笔记

在学习经典著作和党的各项方针政策时所作的摘记，记者写下的心得体会，以及在学习过程中初步明确的一些报道思想。记得多了，可以提高我们的新闻敏感，久而久之，记者的头脑就会变成一架灵敏的"新闻雷达"，随时随地都有可能捕捉到新鲜的、深刻的新闻主题。

(3) 报道线索笔记

在参加各种会议、听报告、阅读文件和典型材料的过程中,发现的各类新闻线索,可以专门记在一个本子里。有的只记一句非常简洁的话,有的可以写出最感人的几件事,有的甚至可以写出"标题"或"导语"。这些线索并不一定都能变成"稿子",但是它可以成为我们深入采访的向导,帮助我们从中筛选出最有价值的东西。划分"穷记者"与"富记者"的一个重要标准,就是看每个记者手头掌握的新闻线索的多寡。要使自己由"穷"变"富",就应该尽量多记一些"线索笔记"。

(4) 采访笔记

这是记者笔记本中一种最主要的形式。它包括被访问对象的谈话、新闻事件的经过、人物的神态、事件发生的环境的真实记录,记者对人、对事的第一眼的印象、感想等等。

(5) 采访札记

记者在采访过程中,受到某些新闻人物、新闻事件的启发,对于生活事件有了新的认识、新的体验、新的感受、新的联想,可以把这些突然想到的东西记录下来,这就叫"采访札记"。

(6) 记者日记

日记是一个人每日生活的真实记录。每个人都应该养成记日记的习惯,新闻记者更应该如此,因为新闻记者的职业特性使他们每天都有新的见闻、新的感受。如果不记日记,随着时间的推移,亲身经历的许多事情都会被遗忘。

日记不仅能唤起对有意义的往事的回忆,而且还可以帮助记者积累材料、整理材料。所以,每个有事业心的记者,都应坚持写"记者日记"。

(7) 采访笔记

有选择地记笔记,即重要的记,次要的不记;

对于此次采访有用的记,无用的不记;

容易忘掉的人名、地名、时间、情节要记，不容易忘掉的情节不记。

怎样整理笔记本

怎样整理自己的笔记本呢？经过长期的积累，笔记本里面的内容繁杂、冗多，怎么样才能做到有理有条，使自己一眼看上去就能看明白，我们把整理的方法可以归纳成以下几个方面：

编写页码，这是最简单最明了的方法，把笔记本的每一页都编上页码，页码上方或下方注明时间日期，以便翻阅。

把每天记录的笔记中最重要部分，就像第一新闻事件、新闻人物、典型细节，这些内容用粗体字加一醒目的小标题，用钢笔描粗，这样每天记录的重要部分就一目了然。

用各种不同的颜色、各种符号在笔记本上标出"重点"，自己的笔记本不图好看，只要能让自己醒目地看清楚就行，所以建议用不同颜色的笔记录不同分量的资料。

每一本采访笔记的前面，都要留出几页空白，按照已标出的标题和页码，编写出详细的"目录索引"，这也是给自己以后补充相关材料作准备，留有部分空白是很有必要的。

如果时间和精力许可，可以编写摘记或提要，字数应为全部采访材料的百分之五左右，有时可占百分之十。

书写"封面"和"书脊"。对于积累好的笔记本材料，给它编上封面和书脊，用最简明的时间、地点、内容把每本笔记本存放。笔记本的"封面"应包括主要内容（用一具体标题来概括）、采访时间、采访地点以及素材利用情况（稿件刊载在什么报纸、刊物之上）等。"书脊"上书写"标题"及年月日。

在作了这番整理之后，"笔记本"就不再是"杂乱无章"的东西，而成为一本随时都可以翻检利用的资料册。一个记者在几十年的采访生涯中积存起来的几百本甚至上千本笔记本，将成为记者从事写作和研究工作的"万宝行囊"。

不记笔记的缺点

不记笔记的缺点是显而易见的。

首先，人的记忆力是有限的。俗话说，"好记性不如烂笔头"，采访中许多精彩的细节和个性化的语言，往往因为没有记笔记，很容易被我们忘掉，感到有用时便无从查找，更谈不上积累生活素材了。

其次，由于没有原始记录，或原始记录不完全，写稿时单凭记忆，容易发生差错。采访过程中尽量多记、力争"全记"。

再次，留下备用的"证据"。记者写批评稿，经常遭麻烦，养成做笔记的习惯，以备万一打官司时有据可查。

最后，资料可用作研究。可以使自己对于此次采访所得的材料，有一个概括的、系统的认识，便于了解所得材料的完整程度。从表面上看，整理笔记要花费一定的时间，实际上，整理之后可以节省许多反复翻检的工夫。

2. 写采访手记

邓拓知识底子打得比较厚实。邓拓平时读报、读杂志，往往准备一个小本本，把有用的东西随手记下来。他说，半个月一本天文学，积累了一些有用的资料；半个月一本地质学，又积累了一些有用的资料，半月不多，一年12个月，就有24本书了。他抄录和剪存了大量的文字资料。天文地理，人文社科，古今中外，无所不有。在《北京晚报》开杂文专栏《燕山夜话》，后集152篇出版杂文集，成为一个著名的杂家。

3. 剪报

现在，文摘报上常刊登一些短小的文章或言论，或逸事，或警句，都有收集的价值。剪下来，贴在卡片上，注明年月日版。

如果剪报两面都有有用的资料，可用大头针或回形针别住，或者复印下来。积累多了，然后分门别类，写文章时可就同一个主题，从不同角度论证。

4. 利用电脑

随着网络的普及和应用，电脑为新闻资料的积累提供了极大的方便，利用电脑可以明晰地将一些新闻资料归类。

文件和文件夹

把前面提及到的方方面面做成文件和文件夹的形式，存入电脑，一点一点的将平时所关注的内容放进去，坚持下去就会建立自己强大的新闻资料库。所建立的文件夹应包括：政治、经济、文化、军事、民生、社会、宗教、人物……以政治为例：

文件夹名：政治

子文件夹：分地区或国家，亚洲、美洲、欧洲、非洲，或者中国、美国、印度、中美关系等。而相应的每一个子文件夹下面应设有 Word 文档、图片、网页快捷、专题报道、视频等。

Word 文档：主要粘贴网上报道有关国家政治关系发展的重大会议、标志性事件，以及相应的时间地点、人物、关键性议题和所取得成就，用文档的形式把重要的文字性的内容做一记录。

图片：图片是最醒目和直接的记录形式，可以形象直观地展现某个事件的来龙去脉，比如某场新闻发布会的现场图片就能把所有的新闻资料显示出来。

网页快捷：网页快捷主要是把复杂的不容易做简易记录的网页直接保存下来，以便以后翻阅，有些网页往往是以专题的形式做报道。温家宝总理访问巴基斯坦时，凤凰网就是以专题报道的形式做的报道，所以网页上链接和相关的系列报道较多，只有将整个网页存储才比较方便。

视频：视频的资料一般做得比较有深度，而且附有画面和声音，往往给人的印象较深。

5. 资料卡片

找一张宽 15 公分、长 10 公分的硬纸片做成资料卡。

例如，我们做一张《新闻学》资料卡，卡片上注明：类别、出版单位、资料名称、作者、出版时间、摘抄内容、摘抄人、摘抄时间。为了便于查找，可将卡片编号。

第五章
采访准备

第一节　采前准备是初识采访对象的工作

一般说来，新闻采访准备有广义和狭义两种：广义的采访准备应该包括新闻记者各种素质的培养，即平时积累（理论、政策、常识、知识等）；狭义的采访准备是指记者在明确采访任务之后所进行的准备过程。狭义的采访准备通常包括：1.准备资料；2.了解采访对象的基本情况；3.准备采访提纲；4.寻找采访机会。前者注重的是长期积累的过程，而后者是一个临时准备的工作环节。

一次任务就像一场战役，"兵马未动粮草先行"也适用于此。而采访前的准备就是这先行的粮草，要想有一次漂亮的采访必须尽量做到成竹在胸。

"每一次采访之前都要像学生准备大考一样。"

——奥琳埃娜·法拉奇

刚刚从事新闻采访工作时，听前辈说要做好采访前的准备工作，但是要么做得不够，要么不知道应该从什么地方着手。往往一接到采访任务就慌慌张张直奔现场，采访时没有思路，缺乏条理性，弄得自己很被动。其实，无论你是资深的老记者，还是年轻的新记者，如果采访前准备不充分，采访时都会感到知识的不足。

特别是采访专家、教授、科学工作者，他们所从事的专业各不相同，这就要求采访前对采访对象所从事的工作、专业知识，事先有所了解和熟悉。

采前准备助你初识采访对象，采访准备越充分，记者与对方的距离就越接近。比如采访对象的年龄、籍贯、经历、性格、爱好、兴趣、成就等，都应该从有关资料中或熟悉他的人那里作一些初步了解。这样采访起来，共同的语言就越多，对方也了解你的意图，交谈、合作就会顺利进行，自然也就为自己的采访赢得了优势。

在采访中经常会遇到这样的情况，有的记者在采访一些不懂、不熟的问题时，问一些外行话，导致采访不能深入下去，且一度陷入尴尬的境地。所以，对不熟、不懂的问题，一定要事先做充分的准备。做记者绝对不易，咱们有一种说法叫新闻工作者是个杂家，并且又是专家，又是行家，这些要求都体现在这里面。我们去采访一个科学家，要对他研究的领域有充分的了解，否则采访没法进行。

但如果采访对象不是人物而是地方，那么，对你要去的地方的政治情况、经济状况、自然地理、风土人情等等，在出发前，最好有所了解。这些资料是采访前了解事物的重要的辅助。

第二节 新闻采访前的资料准备

在了解采访对象的基本情况后，记者要做的事是着手搜集采访对象有关的背景资料。有的背景材料被写进新闻稿里，可充实内容，增强新闻的厚度和立体感，给受众以丰富的知识，增强新闻的可读性。有的背景材料不直接写进新闻里，只是供记者分析参考，明确某一事物在整体中的地位和作用，做到心中有数。

有经验的记者，都十分重视采访前对有关背景材料的掌握和搜集。从平日里的点滴积累到一份优秀报道作品的呈现完全是厚积薄发的过程。准备背景材料一定要注意平时点滴积累；其次，建立自己的剪贴本；再者到网上去广泛收集资料；第四，向周围的人请教。

一、建立自己的资料库

资料库建议根据个人需求进行适当调整,以经济类报道为例。

1. 宏观经济

这方面应包括以下基本内容:历次与其有关的官方描述;历次中央经济工作会议;政治局关于经济工作,特别是会议上的政策文件的收集;历年关于经济的重大问题的立法草案等;宏观经济的数据,如GDP,GNP,人均国民生产总值、购买力评价、CPI、PPI、PMI、进出口总额,投资率等。

2. 关于金融报道的资料

此板块可包含以下内容:央行历年工作会议相关文件出台政策,外汇管理局工作;重要的货币政策,财政政策出台的时间背景;重要金融数据,如存贷款利率、存贷款总额、储蓄率、外汇储蓄等;几大银行的基本情况,经营状况,股市行情;银监会重要动态。

3. 话题新闻资料

该方面可包括:银行房地产融资;历史线索;政策方针;官方表态发言;各方对其的争论观点。

4. 其他资料整理

除以上所说几方面外,可建立一个资料夹专门关注官方人士、学者的简历,经历,观点;一些重要官方机构、研究机构的构图;第一手原始材料的积累等。

二、注意实践积累

记者的素质并不都是天生的,一个成功的记者所必备的素质大都是后天获得的。记者素质除了悟性可能有遗传因素外,其他的都是通过后天的培养与训练获得的。

任何事情都有一个从量变到质变的过程,没有量的积累不可能有质的飞跃。写作是记者的基本功,也是看家本领,必须要不间断地练习才行。

其实，具体写什么并不重要，重要的是必须强迫自己不停地写，以此训练自己的思维和文字表达能力。

作为职业记者，最低的要求就是要能够很容易地将你采集到的新闻和你对新闻的思考，用文字顺畅地表达出来，传达给受众。如果连这一点都做不到，是做不好记者的。

要记住，任何一次采访任务都是积累的机会。记者每天面对不同的人和事，奔跑在各个领域之间，早晨或许在庄严肃穆的会场与官员交流，采访着城市绿化的规划，下午就会和用双手常年为城市种下一草一木的绿化工人待在一起。

不管是人脉、知识还是经验的积累，每次出任务都是最好的机会。人脉的关键，不言而喻，有了广阔的人脉关系会为你节省很多的时间和精力。而关于知识和经验，通过自己采访得来的绝对是你的第一手资料。笔者记得刚出差采访时，曾经为了整理当天听证会几个小时的录音资料，把键盘敲打到深夜4点多。看着上万字的资料，相对于疲倦，更多的是一种满足感，而事实证明，这份资料在以后的报道中起到了非常关键的作用。

建议坚持每天看新闻，至少细看十条。将每天你认为重大的新闻事件记下来。而后，对一些持续发展的新闻事件跟踪看下去，既看事件的进展，也看媒体对事件报道的方法和步骤，从中体会新闻写作的一些规律。

同时坚持对同源新闻进行对比，从中总结新闻采写的规律性的东西。从记者个人修炼的层面来说，通过同源新闻对比，我们可以看到不同的记者对同一新闻题材的不同处理手法，包括角度的选择、材料的取舍、行文的组织等方面的不同，继而从中发现哪一点是自己采访中所遗漏的，哪一点是自己所没有想到的，哪一点是自己今后可以借用的。这是一个不断积累的过程，在这个过程中，最重要的是要做一个有心人，要善于对新闻事件、新闻报道做比较，并通过经常性的、有意识的比较去发现其中的不同，从中培养自己比较分析、吸取营养的能力。

实践的积累是漫长的过程，但经过一段时间后，其帮助之大也就会渐渐得以显现。

第三节　熟悉、剖析采访对象

意大利名记者奥琳埃娜·法拉奇在每次采访前，总是用几个星期的时间做准备，阅读与采访对象有关的专业知识，还要做笔记。她因访问世界政治舞台风云人物而蜚声中外，被誉为政治采访专家。她采访过邓小平、基辛格、阿拉法特、霍梅尼、卡扎菲、西哈努克等30多个国家、政府和政党领导人，自称"政治采访之母"。她很注意了解采访对象的专长、履历和其他情况。

法拉奇把见面交谈作为熟悉采访对象的第二个阶段，她对许多大人物的采访都要连续进行两次：第一次是互相熟悉；第二次是真正意义上的采访——深入交谈、补充。

一般来说，搜集个人资料从三方面着手：

1. 采访对象的简介，包括性别、年龄、职业、职务、家庭情况、主要社会关系、基本的政治态度等等。

2. 采访对象的专长，主要贡献或专著，曾产生过什么影响，在同行中的地位，别人有过什么评价等等。

3. 采访对象的特点，包括性格、爱好、目前的心理状态、是否健谈、对接受采访是否习惯、有何忌讳等等。

此外，还要了解采访对象与所采访问题有何利害关系，是否愿意回答问题，会不会隐瞒事实真相等。

工作中，有些采访是预先得知的，有些则是突发，两种又有不同的准备方法，具体到采访对象，可以从以下这几方面来做采访前的准备工作。

1.采访高级领导干部，采访知名人士，采访国际要人，要做特别重要的准备工作。有的记者为了采访一个知名人士，甚至国际要人，要做长达半年、一年甚至几年的努力。只有这样，采访工作才能够有成功的把握和保证。有的政要联系十多次都联系不上，但是突然间又会联系上，并马上接受采访。这时就是考验你是否精心准备了，有时候在采访中遇到意想不到的障碍，由于准备得比较充分，问问题问得比较到位，能够化困难为方便，采访自然迎刃而解。所以我们采访这些高级领导干部、知名人士、国际要人一定要做充分的准备。

尤金·莱昂斯是美联社经验丰富的记者，有一次采访斯大林，采访前，有工作人员告诉他，会面的时间被限定为两分钟。后来，两分钟过去了，斯大林并无结束的意思。据莱昂斯后来回忆说："我发现斯大林并不着急，而我却没有一个提问的提纲。我在斯大林的办公室里呆了差不多两个小时，但在这种令人兴奋的最佳环境中，我却没能提出意义重大的问题，对于这一点，我永远感到内疚。"

2.采访重要会议。采访重要会议也要做充分的准备。每年3月份采访"两会"，获取一定的会议资料，还要看以往会议的相关报道，研究历届会议精神，熟悉党和政府的方针政策，并与本次会议的精神相衔接，还要研究一年来全国各行各业贯彻上年会议精神情况及工作进程，发现经验或问题，寻找新的报道点，"两会"一年一度，报道年年要出新。

"两会"期间，有许多台都做各种各样的演习，有的省台为了采访"两会"，派新闻部主任到北京租房间、租设备、看地形，把所有的可能在会议召开前半个月全都准备到位，只有准备充分了，有了预案，才能把这样规模的会议报道好。所以，像这种重要的会议，一定要充分地准备。

3.采访重大典型，包括这种重大事件。伊拉克战争，新华社、中央电视台、凤凰卫视都做了充分的准备。央视从翻译到前方的记者，在战争爆发前五六天，一直处于临战状态。没有人喜欢战争，但是出于记者的职业要求，我们临时、随时都处于一种临战状态。战争一旦打响，我们随时要把获得的消息传回来。

新华社的报道速度向来得到称赞，这次是国际通讯社里第一个发出战争开始的讯息的，比世界最大的通讯社发出讯息早了10秒。

当时新华社在一名记者做的工作就比较充分，他本身雇了两个人，一个是在巴格达的城东，一个是在巴格达的城西，自己在巴格达的城中。三个角度都派了人，随时关注，且为了防备战争通讯设备的中断，他用了不受战争干扰的无线设备步话机，所以他24小时处于这种准备状态。战争一旦打响，炸弹投向巴格达，他的队员就报道城东爆炸了，另一个报道员报道城西爆炸了，他自己在城中，以最快的速度传给新华社。

4. 突发新闻的采访准备。一件事突然发生时，你是无时间准备的，只有尽快奔赴现场，路上进行预设，到现场视情况而定。在此过程中一定要沉着，积极调动起脑子里面存储的信息，并始终知道自己要什么、在做什么。

各媒体在重大新闻事件的报道中，越来越多地采用集体作战，前后方配合，弥补单个记者仓促采访准备不足的问题，这样是很好的。突发的新闻采访准备，其实就是考验你平日里的积累。香港凤凰卫视资讯台首席时事评论员阮次山每天花7个小时看15份报纸，然后还要上网浏览全世界大大小小国家主要的英文报纸电子版，还要看各种有用的书籍，这样坚持数十年养成了习惯，要不然便觉信息不够。

除了资料准备，记者平时还得做个生活有心人，在生活中积累各行各业的知识，关心各种新闻事件的报道，从中得到联想。这样采访就能比别人深入，能迅速从事件的表面现象进入实质性的采访，使突发新闻事件报道既快又有记者的独到见解。

第四节　拟订采访计划

1896年接掌《纽约时报》并由此创造了该报辉煌的阿道夫·奥科斯，经常讲给他的下属们一个关于"三个石匠"的故事：中世纪的一个行吟诗人在路上先后遇到了三个石匠。他分别问他们："嘿，干什么呢？"第一个说："在凿石头呢。"第二个答："我在雕刻一块基石。"惟有第三人的回应令人振奋："我在建造一座大教堂！"

奥科斯深谙新闻写作之道。在他心目中，三个石匠的活计代表了新闻写作的三个阶段（境界）。第一阶段：新闻记者正在对手头的事实材料进行"打量"，好比石匠在打量那块石坯，看它能派什么用场。第二阶段：新闻记者已经考虑好要将手中的材料写成一篇报道，而正在将它打磨成新闻素材，好比石匠已经决定用毛坯材料盖房子（消息或通讯），正在将它打造成奠基石。第三阶段：新闻记者认定了手中掌握的是一块难得的良材，他正在着手写一篇有力度的大报道，如同第三个建筑师，已经投入了一座大教堂的建构。

记者在报道新闻时，不是被动地反映事实，从选择事件、确定角度到安排结构、组织文字，每一个环节都有记者的主观判断。为什么会出现同源新闻的不同报道，就是因为不同的记者有着不同的综合素质、不同的文化素养、不同的思维习惯、不同的经历阅历。

采访计划，即指大体的采访活动安排。包括采访目的、采访对象、采访步骤和方法、采访预想成果等，也包括采访中可能出现的困难及其处理方法。

采访没有计划是完全不可行的。在采访计划提纲拟订前最好在内心问问自己以下问题，从而来判定主题：

1. 什么事情是从来没有发生过的？
2. 什么事最能引起人们的兴趣与关注？
3. 什么事最容易被人们忽视而它实际上对人们有重要意义？

4.什么事是人们在已往的经验中熟悉而实际上已发生了重要的变化?

5.什么事最打动你?

采访计划总的要求是,要尽可能详细、具体、实在、简明扼要。同一个问题,同一个事实和细节,要多侧面,多角度地去提问、考证、挖掘。采访时不怕问题多,就怕问的问题少,不能再犯尤金·莱昂斯的错误。

1. 采访提纲有这样几个主要内容

(1)明确采访的目的;(2)问什么问题;(3)事件和人物的特点是什么;(4)采访向什么方向深入;(5)采访的顺序和时间。采访提纲无固定格式,一般只先列几个大纲,再列细的计划。有时随着采访的深入,对新人新事的认识不断变化,可能会改变原来的计划。

2. 采访方法和步骤

(1)初期:收集资料,了解背景。利用互联网搜索与这次采访题目相关的报道,了解其大致背景。也可到被采访人所在公司或者单位或街道办预先了解。

(2)实施:联系采访对象,深入事件背后。到政府主管部门或行业基地进行采访,详细了解产业发展的现状、成就以及存在的问题,听取他们对这一现象的深入分析并及时地做好记录。

(3)后期:整理材料,核对事实。整理采访所得的材料,进行分类、归纳。联系知情人,对存在疑问的材料进行进一步核对、确认。

(4)注意事项及采访失败的补救说明。

3. 采访预想成果

采访预想成果通过有计划、有针对性的提问等方式实现。采访中可能出现的困难要靠经验和技巧处理。相关内容的观点和意见的表达是通过采访弘扬相关主题的主要目的之一,采访过程和结果构成采访成果。引领至预想或者有所超越才会使采访更加有意义。

当然，有时由于某些特殊需要，还要做其他一些采访前的准备，如精神和物质上的准备。但总的来说，我们进行采访前的准备就是为了增强对采访对象的认识和了解，以最短的时间获得丰富、翔实、有价值的材料，使采访获得成功。

在实际新闻工作中，辛苦是再平常不过的，但是这份劳累换来的成果也是你我选择奉献新闻事业的意愿之一。记者应有认真勤恳的精神，不管什么采访，哪怕预计发出来的稿子将只是一则简短的消息，都要尽心尽力地去采访，去尽量完备手中的材料，写出来的报道才可以得心应手、灵活自如。

第五节 创造访问条件

如果你在高峰期挤过地铁或公车，你就能理解采访常常伴随着的无法想象的争抢拥挤。在如此混乱的局势中，能抢到提问机会实属不易。每每到此，记者们就拿出浑身解数以求一问。往往有心人比盲目哄抢者更胜一筹，下面向你述说的吴小莉和那名央视记者的方式就是最好的佐证。

1998年那一次的"点名"让吴小莉迅速地在大陆"走红"。此后的江泽民主席访问日本，朱镕基总理访问欧洲，以及马来西亚APEC会议，吴小莉都做了非常出色的随行采访。

1998年3月的那次新闻发布会上，吴小莉穿了一件显眼的红衣，朱镕基总理点了她的名字："你们照顾一下凤凰卫视台的吴小莉小姐好不好，我非常喜欢她的广播。"吴小莉站起来之后，没有提问，第一句话是："谢谢朱总理，首先，我要说的是，您也是我的偶像。"1998年11月，她随行采访马来西亚的APEC会议。江主席入场时，她在人群中没有提问，只是轻声问候："主席早，睡得好吗？"

"我每次都要提前两三个小时去占位子，希望在新闻发布会上举手会被叫到，很少有文字记者这么早到的。而且每次我都会做很充分的准备，手上总是准备着五六个要提问的问题，提防着被别人先问掉。"吴小莉笑说到。

另一个例子，江西团开放日活动的会议进入尾声时，苏荣书记指着一名举手的女记者说让她提问。没想到半路杀出个程咬金，工作人员递来的麦克风被女记者身后的一名男记者"半路拦截"。苏荣见状，解围道："就让女记者问吧。"但那名抢话筒的男记者并不理会，也未让出话筒。苏荣只好又说："那么，话筒在谁那儿，就由谁问吧。"女记者一听这话，瞬间扭身一把抢过话筒，终于"捍卫"了自己提问的机会。

那名抢话筒的男记者锲而不舍，想方设法地给苏荣书记递过去一张纸条。苏荣接到纸条，看完后幽默地对大家说道："我给大家念张纸条，你们就不用举手了，机会给他吧。"

随后，苏荣书记大声念道："苏书记，您天天看电视，就不能给中央台一个机会吗？"纸条内容被曝光，现场不少记者表示递纸条的方法"绝了"。

除了在现场随机应变的处理方式外，也与你分享一些为自己争取采访机会的小窍门。

1. 学会查找电话号码

学者——学术论坛、个人网站、相关作品

企业家——企业网站

影视明星——经纪人、媒体同行

2. 而对于不同人群，在接触时应用不同的交流方式。对学者应有适当的赞赏、提出明确的采访目的和要求；政府官员，应称呼官职、多用请示性词语；工作繁忙者，提问要直接、简短、明确。

3. 联系时注意，不同的人群有不同的"请勿打扰"时间。对于官员来说，不在其休假时打电话，不往其家中打电话。企业家，不在开会、谈判时打电话,最好是刚上班时打电话。作家,了解写作习惯,不在写作时间打。明星,不在拍戏时打电话。

第六节　需要随身携带的物品清单

记者在出行采访的时候一定要带全东西,但是尽量轻装上阵。可根据事先通知的采访地点、持续时间、事件的性质来准备需带的物品。

一般来说,主要采访必备品大概分为以下几类。

第一类:证明身份的采访证

如:身份证、记者证、活动专门配发的记者证等。

第二类:采访提纲

记者异地采访出行前要在随身携带的行李中带上电子和纸质的采访提纲,以及有关资料。虽说网络时代信息强大,但是相关资料有时的确是网上无法找到的。

提纲可在路途中闲暇时研究,让自己更熟悉,或许还会有什么新的想法。一般在抵达目的地后,会紧接着开会,这时便可根据会议内容,对照提纲进行针对性的核对修改,节省时间。

再者,随身的提纲有必要时可以提前给被采访对象,以便采访顺利进行。

第三类:采访包

在采访没有那么紧迫的情况下,记者出行一般都要随身携带与采访有直接关系的用具,如介绍信、通讯工具、名片、笔记本、笔、录音机、照相机、备用电池、充电器、存储卡、读卡器、宽带线、笔记本电脑等。可能的话可再携带小本和网卡,可随时随地传送稿件。电视台设备较多,除上述外还有专业摄像机、摄像配备器材等。

另,记者最好随时备有一个洗漱袋,放上日常清洁用品,带上药,消炎药、感冒药、肠胃药必不可少。

记者还要在到达采访地前了解通讯情况。记者采访的行程安排也十分重要,因为许多新闻事件的采访要快,怎么能尽快赶到现场,交通工具的选择和轻捷都是快的关键,记者乘坐交通工具要视不同情况而定。

第六章
采访方式

第一节　直面采访

　　直面采访是指记者直接面对采访对象进行采访，或称面对面采访。这是最早出现的，用得最多的一种方式。直面采访要因人而异，因事、因时、因地而制宜。对于不同的访问对象，访问一定要从实际出发，切忌用一个模式去套，特别是对特殊的访问对象，更要考虑周全，努力争取访问对象的配合。与此同时，记者不能唯完成采写任务是举，还要注意尊重访问对象的要求，例如：在采访时不要录音、拍照，在写作时不要使用访问对象的真实姓名，以及涉及到访问对象个人隐私方面的敏感内容等等。

　　需要掌握的三个原则：

一、平等

　　采访者与被采访者之间没有尊卑之分，不管是采访领导还是罪犯态度都应该客观；要搞好面访，记者应注意不卑不亢，与访问对象保持平等。记者与访问对象之间完全是一种平等关系，没有尊卑贵贱之分，没有等级高低之别。在采访时，记者要始终把握主动权，控制采访节奏，不要被访问对象牵着鼻子走，或者是访问对象提供什么自己就记什么，结果自然不会很理想。

　　因报道肯尼迪事件等新闻而出名的海伦·托马斯是合众国际社驻白宫的终身记者，并担任过白宫记者协会主席，她在谈及自己的角色时说："我们是（白宫的）看家狗。我们始终在观察着总统先生，看他在与谁来往。"在美国新闻界,享有"白宫看家狗"待遇的共有170多人,而能够在新闻中心的"坐席"上拥有一个位置的却只有48人。因为新闻中心位于白宫主建筑的西侧,房间宽不过8米,长只有20米,记者坐席一共8行6列。没有资格享受专座的记者,在新闻发布会举行之际只能屈尊打站票。对于资深记者,美国总统有时也敬畏三分,因为美国总统任期一般只有四年,而同一个人最多只能干两届,当他们淡出政坛后,多数很快就会从人们的视线中消失,而资深记者在总统退位后却依然活跃在白宫和新闻界,年龄越大,资格越老。正因为如此,美国历任总统都注重与名记者搞好关系,人们看到,在电视直播的许多新闻发布会上,总统往往会直呼记者的大名甚至昵称,他们之间的亲密关系由此可见一斑。

二、因人而异

采访者不能感情用事,而且,要因时、因地、因事而异,切忌套用一个模式。例:采访艾滋病患者,要注意保护他们的隐私。

记者江爱民在非洲常驻期间,曾与《北京青年报》特派记者夏雷、张鹏一起采访过两名女艾滋病人,请她们讲述自己的生活经历。在采访前,负责为这次活动牵线搭桥的联合国艾滋病协调署肯尼亚项目办公室的负责人丹尼斯先生曾表示,病人不希望拍照和录音。三位记者在与病人见面后,主动与病人握手寒暄,与病人交谈时也相当坦率,对她们的遭遇深表同情,同时鼓励她们不要被病魔吓倒,一定要坚持活下去的希望。诚意和同情心打动了病人,很快,他们赢得了病人的信任。接下来,病人十分配合采访,欣然同意接受拍照和录音。对于记者所提的问题,她们也是有问必答,采访持续了两个多小时,获得了成功。尽管如此,记者最后还是从尊重访问对象的角度出发,没有使用她们的录音。《北京青年报》在刊登相关稿件时,也特别注意没有使用故事主人公的正面图像。

三、主动权

采访者要始终把握主动权,就是要紧紧把握采访意图,主动提问,因势利导,步步深入;遇到意想不到的情况,能沉着应战,机智处理;恰当地掌握时间。

访问者与被访问者犹如一对矛盾,访问者是矛盾的主要方面,在访问中应有很强的主动意识,自始至终要掌握采访的主动权。直面采访有这样几个好处:记者能够观察访问对象的表情、语气和其他细节,准确地感知访问对象对所提问题的态度。而观察到的一切均可以作为素材写到新闻报道当中,从而增强新闻的厚实感和生动性;在采访过程中,访问对象的谈话可能会引出新的话题和线索,给记者以"意外收获";对有些不太明白的或不太清楚的地方,记者可以随时请访问对象重复或予以澄清,确保得到的素材是准确可靠的。

直面采访的短处:其一是遭拒,即访问对象不愿意接受采访,这是最令记者头疼的事情;其二是"话不投机半句多",记者因为自己水平较差或者准备不足而与访问对象谈不到一起,导致双方不欢而散,记者要避免出现这种尴尬局面,最重要的还是把准备工作做到家,把可能出现的各种情况都想得周到一点,并考虑采取相应的对策,俗话说"哀兵必胜";其三,记者有时碍于面子或顾及采访时的良好氛围,不便当面直接提出一些尖锐的或敏感的问题,痛失良机。

第二节 视觉采访

视觉采访即眼睛采访,发挥眼睛的作用,也称为见闻式采访。这种采访,要调动眼、耳、鼻等身体感官,以捕捉声音、画面和气味等各个方面的细节,其中,眼睛的观察最为重要。有时候,见闻式采访是与直面采访同时进行的,但更多的时候,见闻式采访是独立进行的,记者随时随地都可以观察周围的事物，不访问的时候，眼睛也可以发挥作用。

眼睛在采访中的作用主要有以下几个方面：其一是获取信息。大千世界瞬息万变，日常生活中充斥着各种各样的信息，记者像普通人一样，每天要读书、看报、上网、办事，在此过程中，眼睛一直发挥着核心作用，会随时随地捕捉信息，并传送给大脑。这些信息可以丰富记者的知识，开阔记者的眼界，并成为潜在的新闻报道素材。其二是发现新闻线索。在海量信息中，蕴含着不少新闻线索。只要记者积极调动自己的神经，就一定能慧眼识真，挖掘出富有价值的新闻线索。其三是辨别真伪。俗话说，"耳听为虚，眼见为实"。实践证明，许多信息在几经转手后就会变得面目全非，在我国媒体的国际报道中，有不少关于同一事件的报道，内容颇多出入，有的甚至大相径庭，这多半是因道听途说所致。

见闻式采访的最大好处是记者能够获得丰富的第一手材料和诸多细节，报道由此显得真实可信和生动精彩。在写作时，记者大可不必动用多少形容词，就能够使故事具有强烈的感染力。与此同时，记者也不必再使用"据报道、据称、据悉"等字眼。在我国媒体驻外记者的见闻式采访报道中，不乏力作，《人民日报》记者吕岩松讲述的中国驻南联盟使馆遭北约轰炸一事的稿件就是其一。

见闻式采访对记者观察能力的要求比较高。观察能力其实是一种综合能力，面对同样的新闻现场和同样的新闻事实，不同的记者看到的和感悟到的东西可能大相径庭。如何提高自己的观察能力？从实际操作层面讲，记者应注重将"孩童般的眼光"和"聪明长者的眼光"结合起来，全面地看待事物。记者保持"孩童般的眼光"看世界，可以消除长期驻扎在某个国家或地区而患上的职业"疲劳症"，能把每件事情都看作是新鲜的，从中抓住事物的特征和不同寻常之处；记者用"聪明长者的眼光"洞察事物，有意识地边看边分析，可以区分事实的真伪和意义。记者如果只凭"眼见为实"，而不加以分析，有时也会看花眼甚至看走眼。《百子全书》中的"孔子家语之五"记载了这样一则故事：孔子的弟子子贡，在现场看到颜回从先生用来祭祖的饭甑里抓饭吃,即把现场看到的细节"传播"到孔子那里。后来,孔子迂回"求证",弄清了事实真相。原来,风将灰尘吹到了饭里,颜回把有灰尘的饭"偷"吃了,留下了干净的饭给先生祭祖。

这个故事表明,在新闻现场,有些"事实"是稍纵即逝的,记者在采访时,除了及时细看还要及时询问,弄清事情的来龙去脉,不能像子贡那样草草看一眼就下结论。除了观察能力,记者平时一定要注意多出门采访。天津日报报业集团社长兼总编辑张建星说:"好的新闻是需要付出的,这个付出就是记者不停地跑动。"这个说法很形象,在没有重要报道任务时多出门走走,甚至不时出趟远门也无妨,因为这种积累堪称一笔"金不换"的财富:唯有见多,才能识广,唯有积累多,记者下笔时才能文思泉涌,"如有神助"。

第三节　书面采访

书面采访即通过书面提问的形式采访,得到书面答复。书面采访的方式并不常用,但却比较有效,它给访问对象在选择回答的时间和方式方面提供了更大的自由。

一、使用书面采访的情况

1. 采访对象没有时间,例如采访一些重要人物,他们很可能没时间。记者不妨另辟蹊径,争得访问对象的同意,用书面方式进行采访。这一般表现为对国家元首、重大国际组织的高级官员等"大人物"的采访,因为这些人平时工作极为繁忙,日理万机,很难抽出专门时间来接受记者的面访。

2. 采访对象在外地,记者不能前往。

3. 记者无法接近采访对象,可以写纸条。

4. 书面采访可以突破时空界限，同一时间采访不同地区不同国家的许多人，例如针对日本"争常"问题采访各国政要。

5. 书面采访是进行补充采访的一种方式。

二、书面采访的具体操作

1. 说明采访意图，表明自己的身份。记者一定要做到态度谦虚，言辞恳切，以诚意打动人，引起对方的重视和好感，从而乐于接受采访。如果记者是第一次与访问对象打交道，最好还要随信附上自己的名片和自己所属新闻单位的介绍信，以博取对方的信任。否则，访问对象可能会不理睬记者或者拒记者于千里之外。

2. 设计问题。问题不宜太多，但必须切中肯綮：记者可以提出一些敏感问题，哪怕是碰碰运气也好，回答不回答那是访问对象的事，回答了，就是"意外收获"。当然，问题切忌笼统，要具体明确，以方便访问对象作答。

3. 给对方一个答复限期，并给对方的答复以反馈。通常情况下，记者还应该把修改过的稿件通过传真或电子邮件的方式给访问对象传过去，或者通过电话就如何改动征求访问对象的意见。一般说来，书面采访如获得成功，会在记者与访问对象之间架起友谊的桥梁，为日后更多的采访活动提供方便。

用书面方式进行采访，有一些优点：其一，访问对象可以选择自己比较方便的时间和地点来答复记者的提问；其二，访问对象不必为了接受采访而作必要的穿着和礼仪方面的准备；其三，回答会比较正规、详细，特别是国家领导人的回答，常常会涉及到国家政策、国际关系以及其他受众感兴趣的内容。

当然，书面采访方式的缺点也是显而易见的：首先是记者很难保证自己得到的答案就是访问对象本人的，有可能是其秘书或其他什么人代劳的；其次，记者无法像面对面交谈时那样能够观察到访问对象在回答问题时的形体语言（如手势、动作等）和说话时的诸多其他细节（如表情，语气等）。

第四节　体验式采访

所谓体验式采访，是指记者为了深切地理解生活，亲自去体验某一行业的工作，并在此基础上写出报道的采访方式。体验式采访是新闻记者深入生活、体察民情的一种好方法。

一、体验式采访的优点

体验式采访，其实就是要求记者深入生活，这是新闻写作的基础和源泉；深入生活就是要贯彻深入实际、深入群众的采访路线。涉浅水者得鱼虾，潜深水者得蛟龙，就是对体验式采访优点的形象总结。在我国，体验式采访的成功例证也有很多。著名军事记者阎吾，被人称为情景记者。1949年我人民解放军百万雄师横渡长江时，他正在炮兵部队。当时，长江被炮火映成一片红，战斗空前激烈。阎吾和战士们一样，参加了战斗。过了长江，他和战士们一起跳进战壕，捡了一个蜡头，马上点着，找了一块纸片，放在腿上写了起来，著名的现场报道《百万大军横渡长江情景》就是这样诞生的。他说："这样的战争现场，事后采访是不行的，因为打完之后，部队很快到了杭州，到那时你上哪里找人采访去？你到了第一线，你的感情自然而然地就来了。"阎吾的这段体会，可以说是对体验式采访的一个极好的说明。

优点之一，体验式采访能更真切地了解事物真相。采访是一个认识过程，而通过亲身体验，记者的这个认识过程就会更扎实、更自然、更合情合理。人要认识某个事物，就要和那个事物接触，就要生活在那个事物之中，从感性认识上升到理性认识。记者有时要报道完全陌生的事情——不仅对读者是完全陌生的，对记者也是完全陌生的事情，记者只有争取同那件事情直接接触，才能真切了解。

　　优点之二，体验式采访能更方便地获得需要的材料。体验式采访往往深入到采访对象的生活中去，这就便于记者与采访对象打成一片，从他们那里获得更多的帮助，了解到更深入的情况。因此，当你在采访中，经过努力仍然不能从采访对象那里获得有用材料的时候，你不妨先参加到他们的生活中去，在实践活动中同他们打成一片，加深与他们的感情，或许采访会出现新的局面。

　　优点之三，体验式采访能写出更生动的报道。俗话说，听过不如见过，见过不如亲自干过。听过，可以说"知道"，见过可以说"了解"，亲自干过才能有深切的感受。记者写一般的新闻报道，可以不经过亲身感受，而他如果想写出打动人心的报道，那就一定要有自己的感受。

　　总之，体验式采访不仅有利于记者正在进行的这次采访，而且有利于记者的总的生活体验和生活积累。经常进行体验式采访，能够使记者同社会上的人们保持息息相通的联系，避免仅仅从记者角度看问题而产生许多"职业病"。

二、如何写好体验式采访

　　1. 选好体验点，根据报道需要，同自己平时的采访分工结合，有利于自己锻炼。

　　2. 虚心向采访对象学习技术、品德。

　　3. 将体验与采访结合起来。

　　4. 一次采访时间视需要而定。

三、体验式采访需注意的几个问题

　　体验式采访虽然有不少优点，但它只是众多采访方法中的一种，是一般采访方法的一种补充，我们不能盲目使用体验式采访。

　　一是体验式采访具有很大的局限性。体验式采访，要求记者以当事人的身份，直接参与某种活动，记者具有采访者和当事人的双重身份，而记者的能力有限，许多事难以体验。

二是体验式采访要遵守法律规范。既要积极主动、千方百计搞好新闻采访，又要方法得当、行为规范。

三是体验式采访要防止片面性。体验式采访，有时因记者素质、经验的关系，容易"钻得进，跳不出来"，使观察和体验产生片面性，影响新闻报道的质量。因此，当记者进入某一角色后，不能被一人一事牵着鼻子走，产生片面的同情心和亲和力；而应站得高，看得广，把宏观和微观结合起来。

记者平时也要不断加强自身学习，积累素材，锻炼自己的实际工作能力，丰富社会经验，提高自身素质，以便在体验式采访中更好地把握事实。

感悟体验式采访

忘掉的往往是无关紧要的，留下的都是动人的精华

体验式采访用不着像对话式采访那般作过多记录。当然，姓名地址以及一些关键性数据除外。在没有和采访对象熟悉之前，切莫拉开一副记者架势正儿八经采访，那样会拉开彼此间距离，令对方产生防备心理，一些真心话真细节就可能因此被断送。别怕写稿时丢了一些无关紧要的小事，要相信，跟采访对象一起走过的历程和倾心交谈过的感人事，早已深深烙在心里。那些长留于心中经久不忘的细节，恰恰是既能打动自己也能打动别人的精华。

钻进去采访，跳出来写稿

体验式采访要深入到采访对象的生活中去，这是便于与采访对象打成一片，了解到更多更深入的情况。因此，在与他们相处的过程中，总会捕捉到许多不为人知的故事和细节，甚至和部分采访对象建立友谊抑或产生怨气。这些庞杂的素材和带有感情色彩的人和事，总会让人眼花缭乱难以取舍。这时必须及时"跳出三界外"站回记者位置，从感性认识上升到理性认识,合理取材,以另一种高度运笔写稿。

特别值得注意的是

在体验式采访过程中,我们应当尊重采访对象的生活习惯和人格尊严。稍不留意,也许你一番好意,却在无意间伤害了别人的自尊。由于与采访对象一起工作或生活,总会在无意间了解到别人的一些隐私。即使这些细节再精彩,对报道再有用,也须取得当事人的同意之后才能见诸报端。当然,揭露式的隐性采访又另当别论。

第五节 电话采访

记者通过电话这种现代化的通讯工具,同采访对象对话,了解情况,采访新闻,叫电话采访。

快,讲究效率,争取时间,是新闻工作的一个显著特点。信息时代的到来,加上日益激烈的新闻竞争,对新闻时效提出了更高的要求。电话采访作为一种采访方式,最大的优势是快捷。它突破了采访必须见到采访对象本人所带来的某些时空局限,对提高工作效率,赢得时间,是一种有效手段。在美国,叫做"快餐式采访"。

一、要打电话工夫先下

要达到好的电话采访效果,首先要尽可能多地掌握方方面面的电话号码。掌握电话号码的局限性,直接影响记者选择用电话这种最快捷的方式采访。明明知道那个地方发生了重要事件,但你不知道急需找的人的电话号码你就不能拨打电话采访。所以,记者平常的重要工作之一,是搜集电话号码,以便需要时及时利用。

如果以为电话采访是最省事的采访方式那就错了,电话采访的准备工作并不省事。电话号码难寻不说,即使你费尽心机寻找到采访对象的电话号码,意料不到的事情也还会发生。如果是打国际长途电话采访,更需要考虑周全。1999年7月30日,《中国青年报》记者詹万里就用国际长途电话采访在莫斯科参加世界比赛的我国国际象棋冠军谢军。说起这次电话采访,记者没少遭遇"语言喜剧"。我们不妨从他的采访中,了解一些电话采访前的必要准备工作,也好为缺乏经验的年轻记者提供一些经验。

在谢军出国前,记者詹万里先与她约定,从谢军下完第一盘棋开始,每天晚上等比赛结束就对其进行电话采访。

国际长途电话采访需要考虑时差问题,谢军在莫斯科喀山比赛地与北京的时差是4个小时。谢军每天比赛结束时大约是当地时间七八点钟,等她回到住宿的房间稍事休息后才能采访,那也就是北京时间次日凌晨一点多了,这意味着记者的电话采访在每天的半夜进行。之后,记者还要计算国际长途电话费用:谢军比赛8场,如果每天采访5分钟,总计450块钱的国际长途电话费。于是,记者事先购买了600块钱的电话卡,原以为对付这8次采访绰绰有余,事后发现,余地还是打得不足。

第一天,为了事先确认一下能否按时顺利地电话采访到谢军,记者从北京时间晚上11点开始打电话。大约打了半个多小时,才好不容易接通。按照惯常的做法,记者跟对方电话接线员说英语,当然别的语种记者也不会,可谁也没料到,接线员除了应答时说了一句俄罗斯腔调的"Hello"之外,叽里咕噜全都是俄语。这是记者没有预料到的,一个国家首府的高级宾馆的电话接线员竟不会说英语。万般无奈之下,记者电话找到了一个原来在外交部的同事,请他找一个学俄语的人帮忙。此时已是子夜,这位朋友虽然二话不说立即就找人,但只找到了一个学捷克语的人,捷克语跟俄语还是无法交流。情急中,记者的朋友又找到了一位学保加利亚语的,他告诉记者只用说两句短语"我是中国,请谢军"大概就可以了。记者不抱什么希望地试着打过去电话,突然对方用字正腔圆的汉语普通话说了一声"你好",记者差点从地板上蹦起来:"你还会说汉语?!"对方颇有点好笑地说:"我是中国驻俄罗斯使馆的,能不会说汉语吗？"于是记者才通过这位使馆人员找到了采访对象。仅仅是语言不通，就让《中国青年报》记者在电话采访前历经了如此多的"磨难"，可见，要想成功地进行电话采访并不简单。

　　仔细看这篇报道大家可以发现，这位记者其实是位有一定经验的记者，在采访前做了大量的准备工作，许多环节都想到了。比如，事先与谢军有约，确定了联系时间、联系方式等，注意了国际长途电话的时差、电话费用等。更有经验的是：以防万一，提前两小时就试线路，确定电话线路是否畅通。就是这样细致地准备还是有个环节疏忽了：小小的语言障碍让记者"起个大早赶个晚集"，影响了采访。好在记者朋友多，不然半夜三更找合适的人帮助都不易，更不要说别的了。所以，要打电话工夫先下，工夫不到电话无效。

　　本书在赢得采访机会一章中，讲到电话预约，也较详细、具体地讲述了记者打电话的注意事项，像学会查电话号码的本领，注意因人而异选择时间，注意打电话的礼貌、语气，注意用词简短、缩短时间等。这些打电话的注意事项也同样适用于记者的电话采访，不妨把两章内容结合起来看。

　　电话采访使记者迅速接近难采访到的人，但之后的事就全看记者的了。对方看不见记者，只能听你的声音和问题，怎么使对方信任你？怎么让谈话保持气氛融洽？怎么避免冷场（电话交谈一旦出现沉默，对方立即会结束谈话）？你要有源源不断的问题，可又不能让对方感觉这些问题在电话里难说清楚。电话采访时间不能太长，太短问题又谈不透，凡此种种一点考虑不到都会影响采访效果。所以，电话采访前最好认真准备，将该想到的事都想到，必要时，将纸和笔、参考材料、准备的问题放在手边，这时候再去打电话。

二、采访问题简单易答

　　电话采访除了采访前充分准备，打电话时注意礼貌外，关键还是记者提问。由于记者与采访对象彼此看不见,记者只能单纯地用提问进行采访,记者的采访提问就尤其重要。

1. **电话采访不要提太大的问题**。一个很大的问题对方原本就不知道从哪里讲起才好,又看不见你的点头或摇头,不知道他说了很多你是否真的听明白了,影响采访对象的情绪。

2. **电话采访不要提暗示性的问题**。在缺乏交流的情况下,暗示性的问题很容易造成误会,让对方误解或怀疑记者的采访动机。

3. **电话采访不要提过于轻率的问题**。电话采访也是一次采访,也要让对方加以重视,轻率的问题容易让对方减少对这次采访的重视程度,以为这只是一次随意性的电话聊天。

4. **电话采访不要提过多的外行问题**。采访对象需要用很多术语来解释记者不懂的问题,又不能借助笔,每个词都用语言加以注解说明,谈话变得断断续续,这样对方很快就想结束谈话。请你先看过他的专著,或弄懂基本知识再来找他。当然一点不提也不可能,记者又不是全能、什么都懂,只是外行问题不能问太多。

5. **电话采访如果提较为尖锐的问题最好将这个问题放在最后**。一上来就提一些尖锐性的问题、采访对象有可能竭力辩解这个问题、打乱记者整个采访计划,也可能由于生气挂断电话,采访很快便结束了。

所以电话采访问题的提出和设计是有学问的,你的问题是不是采访对象感兴趣的问题、是不是三言两语能说清楚的问题、问题是不是既有挑战性又不会让对方误解,诸如此类都是记者事先需要细致研究的。记者切记,电话采访再迅速、再方便也不要盲目去使用,拨打电话前要精心准备,最好把采访时要问些什么、了解些什么,事先列好提纲。有可能,在正式采访前先去个电话或发个传真,让采访对象清楚记者的主要问题,提前作些准备,然后,双方约定时间后,再拨通电话,开始正式采访。

因为电话采访时间宜短,在有效的时间里记者要获得更多的信息,就要多用封闭式提问,将问题化小,让对方易回答。但也不能全用封闭式提问，问题设计得小，对方虽然回答相对简短，但也会使得记者提问的频率加快，几个问题过后，对方会有逼迫感。原本电话采访就让采访对象有被动回答问题之嫌，如果记者提问的节奏掌握不好，就很容易加强这种被动感。不平等感是采访对象从感情上不能接受的。一旦让对方感觉你的问题有逼迫的色彩，对记者就相当不利。所以，电话采访的问题设置要开放式提问与封闭式提问相结合，不要让对方只能回答"是"或"不是"。

三、引导对方口出妙语

如果记者采取一问一答式的采访，那么回答问题的一方一般会比较机械。电话问答给回答问题一方思考的时间更有限，所以回答问题的人语言很容易刻板无味。记者应该"怂恿"对方说出精彩的引语。要达到这一效果，记者就不要把电话采访变成收集材料的采访，收集材料可以从图书馆获取，通过电话是为了补充富于人情的活材料，这种活材料很大程度在于采访对象的表述，尤其是采访对象口语化的表述。如果采访对象刻板地用书面语回答问题，采访就失去了意义，与查资料无异。记者应该想办法让采访对象多用比喻，形象化地表达思想，并引导对方口出妙语。

四、核实新闻重要元素

记者在电话采访时，线路有杂音或对方有口音，都会形成记者的听觉障碍，统计数字和地址也很容易听错，记者在电话采访时便要格外小心，要精力集中，不能听遗漏，特别是重要的新闻元素。

没有经验的记者采用电话采访时，往往注意力集中在怎么能延长谈话时间上，怕出现冷场，怕别人在没有回答完自己全部问题前就结束谈话。由于紧张，匆忙中往往会忽略了一些重要的新闻元素，等到事后整理材料动笔写作时，才发现姓名、地名、时间、数字、新闻人物的职务、职称不是拼写有误就是忘记问。

电话采访一定要注意核实重要的新闻元素，中国字同音异义很多，主要的人名、地名要让采访对象用拼写式的说明讲述清楚。数字、时间不能确定的也要追问，不能想当然。为了不打断采访对象回答问题，记者在听电话时可以适当做记录。等采访结束前再按笔记一一追问核实新闻要素。

核实材料可以在采访中进行，也可以在采访后查找资料。那些采访对象讲述的久远故事，时间、地点、人物都不一定记忆准确，核实不能完全依赖采访对象。如果采访对象的讲述与史料记载不一致，可以再打电话给采访对象进行核实。好在电话号码在手，追问并不困难。电话保持接触，不断绝与采访对象的往来，也是记者交朋友的方法之一，电话追问一举两得。写出报道后发传真给采访对象，请他校对稿件也是核实材料的另一种好方法，记者不妨采用。

第六节　网上采访

互联网作为一种信息传播工具，其威力正在不断得到发挥。记者也因此获得了一种简便易行且经济实惠的采访方式。

怎样利用网络采访：

一、网上邮件采访

在谈电子邮件采访之前，我们必须先来谈谈书面采访方法，因为这两者有相近性。在网络采访运用之前，报纸记者也采用书面方式采访。书面采访是通过书信进行纸上交流的采访形式，记者向采访对象写些问题，用传统的邮局信件、电报传递的方式寄给采访对象，或通过办公室传真机传递给采访对象。

电子邮件采访只不过将传统的邮局传递和传真机传递改为现代的网

络传递。传输工具不同，但基本的采访方法是共通的。书面采访记者的提问是关键。问题一定要使采访对象感兴趣，并愿意花时间回答，而且是坐下来"笔录"。传统"笔录"是用笔，网络"笔录"是在电脑上键入文字，写法不同，但都要付诸文字。比起口头采访，"笔录"要费时，所以采访对象对记者提问不感兴趣是不肯花时间回答的。采用书面采访方式采访，记者的问题一般多设计得较为轻松，让对方回答问题时没有压力。另外，也不宜采用法拉奇咄咄逼人式的提问，更不能用激将式的提问。因为没有面对面的交流，文字中流露出的过于感情化的言词、语句、语气容易让人误解，让人警惕，甚至斟酌再三，不敢下笔。与其这么吃力，还不如不予合作。

现代人越来越疏于写作，能劝服人用笔答问题，除了要让采访对象对问题感兴趣，话题设计得轻松活泼，问题不易被误解外，还要注意信件的形式美。传统的书面采访要求记者书写字体工整，选择适合的信纸信封，用词规范言辞礼貌，所有这些形式都以示对采访对象的尊重。记者采用电子邮件采访，因为键入机选文字，不必担心字迹工整的问题，也不必选择信纸的颜色，但是不等于可以忽略书面形式。诸如页面设计是否吸引人，问题是否直观，回答问题是否省时易答等，都是记者采用电子邮件采访需要讲究的形式。要让采访对象打开邮件所见问题直观性强，为了提高采访对象的兴趣，还可以设计图案、声响效果。问题设计要简略清楚、易答。

传统的书面采访的问题一般多设计成让被访者仅用"是"或"否"一字作答的问题。采用邮件方式采访的问题设置应该与书面采访问题一样易答，甚至更方便操作。这些问题，采访对象只需用鼠标点击一下，就算作答。为了确保采访对象回复给记者答案，传统的书面采访强调记者写明地址、邮编，甚至记者还需在信中附上信封和邮票，电子邮件省略了这些繁琐，采访对象只需点击屏幕上显示的"回复"，答题就自动发回记者的电子邮件信箱，大大方便了书面采访方式。

二、网上聊天采访

网上聊天采访有两种形式,一种是键入文字聊天,一种是通过电脑辅助电话模拟面对面的采访。记者只要约定时间与采访对象同时开机,无论是用键入文字问答还是利用网络电话问答,采访都可同步进行。如果说电子邮件采访改变了邮局传递速度慢的缺陷的话,那么网上同步采访就不仅只是提高一点采访时效性的问题,它几乎与面对面采访无异。采访者和被访者同时面对电脑一问一答,不仅缩短了传递的时间差,而且使访问更便利,更像真正意义上的对话、访谈。对不熟悉的新闻人物进行网上聊天采访,可以先通过发邮件或电话联系采访对象,约定与采访对象同时开机连线的时间。对于较为熟悉的采访对象除了发邮件打电话,也可以通过"网络呼叫器"联系。

网上聊天采访还有两个突出的特点:公众参与性;采访双方角色地位可以不断切换。网上聊天如果在聊天室、公共论坛上进行,就有它的公开性;只要在线网友,都可以插入对话、提问,使采访活泼生动。在采访对象回答网友提问时,记者还可从中观察采访对象,也便于了解网友更关心采访对象什么,随机调整采访策略,提高报道的可读性。

在传统的采访中,采访对象是以单一的信息供应者的身份出现的,而在运用聊天室、电子邮件、电子公告牌等网络工具时,你问我答、有问必答是维系交谈双方继续下去的纽带,较之传统采访方式,具有更强烈的互激色彩。从这一意义上讲,采访对象的嘴巴不只是用来回答,也用来发问。采访对象也承担了"采访者"的角色,并对采访者进行"访问",同时采访者也须以"采访对象"的身份作出回答。在这种角色的不断切换中,新闻记者更像一个聊天者,有利于拉近彼此的感情,也有利于更深入地了解对方,揣摩对方的心理,调整提问,保障采访的有效性。网上聊天采访新闻事件快速及时。网上聊天采访新闻人物则简单方便,特别是对名人采访。名人工作繁忙,又经常被数十家媒体纠缠,时间不允许他们接受那么多媒体记者的采访，网上聊天可以同时接受多家媒体的联合采访，也可以在接受记者采访的同时，回答在线网友的提问，在有限的时间里大大提高了记者与采访对象的工作效率。

应该注意的是，记者公开在网上采访，实际上身份有所变化，他更像一个节目主持人。他是连接采访对象和网友的纽带，他除了完成自己的采访任务，还要维护聊天室的谈话气氛，引导调整谈话方向，集中主题，把握谈话节奏。比如，新浪会客厅于2008年6月21日请中国建筑科学研究院建筑设计院院长马立东先生做客，节目主持人将整个采访划分了几个主题：国家博物馆承载了5000年悠久历史和灿烂文化；国家博物馆选择国外设计师；国家博物馆背后的故事。这样来引导网友向嘉宾提问。

三、网上问卷调查

开展与新闻报道有关的调查研究已经成为当今记者工作的重要组成部分。调查表明，美国记者通过网络亲自进行调研而不是依赖资料员进行调研的人数比例从1995年的25%增加到1996年的32%。网上问卷调查要科学合理地设计网络调查问卷。一份合格的网络调查问卷，与传统调查问卷一样，问题设计要明确，避免模棱两可，以便受访者能够真实、准确地回答；问题本身应该相关并且简明扼要，以便受访者能迅速回答并避免误解。

最普遍采用的网上调查问卷靠网民点击，由计算机自动记录点击率完成。也有需要被访者键入文字作答的，但为方便网民多设计成点击式问卷。中央电视台国际部在线调查这样设计："您经常收看的电视栏目为：正大综艺、世界影视博览、国际艺苑、人与自然、环球、动物世界、外国文艺、世界各地、世界文化广场、世界名著·名片欣赏、周日影院、假日影院、国际影院、海外剧场、原声影视、佳艺影院、佳艺剧场。"这是比较简单的网上问卷调查，网友只需点击一下你经常收看的栏目，计算机就会自动记录，调查也便完成，适用于收视调查和评选主持人。

再如，2007年11月11日人民网公布的对国家法定节假日调整方案（草案）中取消"五一"长假的民调结果，近6成网友表示"坚决反对取消'五一'长假"，38.7%的网友"支持取消'五一'长假"，另有4.8%的网友持无所谓的态度。反对声为："五一改成小长假回家更难"。支持声为："增加传统节日的假期很好"。评选类或调查类问卷的设计一般都设定截止日期，上述调查即在11月9日~15日期间进行。截止日期一过，便在网上公布网民评选结果。结果成为公共资源，网民都可浏览，记者报道也可参考使用。这种调查在年终评选活动、重大事件报道期间、大型体育运动会中都可即兴进行。增强网民与媒体的互动，提高报道的收看率。

需要提请大家注意的是："网上调查结果不具科学性与普遍代表性"。网民点击率的调查科学性较差，有相当大的局限性。因为，虽然互联网自产生的那一刻起，在全球发展的速度极为迅捷，但相对于全球总人口而言，目前网民的人数仍相当有限，地域、职业、年龄、文化程度等的分布也不平衡，网民的网上行为也尚不成熟。这种不均衡状态，自然会在很大程度上限制网络调查的全面性及可靠性。记者使用这种简单的、凭网民点击率求得的网上调查结果时，最好只作为参考数据，最好只做阶段性报道的依据，不做全面性报道的依据。报道引用时需要做出相应的分析判断，并加以说明。

比如，2004年大年三十，中央电视台的一个话题节目就年夜饭是在家吃还是在外面馆子吃做了一个网上调查，在引用网上统计数字时，主持人就说明："网上统计的调查者年龄会偏小，如果加上不上网的老年人，出外吃饭的比例会比这个数字低些。"依赖网页开展的联机调查一般只能收到对调查专项感兴趣的网民的响应，要提高网上抽样调查的可靠性，就要提高网民点击率；设置网民关心的内容，点击率才会高。

所以记者要及时了解网民欲知之事和关心之事，围绕网民关心的热点设置问卷。也不妨通过增强网络调查的趣味性来提高网民的参与程度。

例如，在设计网络调查问卷时，可附加图、音像，以达到增强趣味的效果。另外，设置该调查专题的网站访问率的高低，会直接影响问卷的回收率，因此依赖单一网站的调查结果，一般会有较大的局限。应充分利用互联网超文本链接的优势，以尽量减少甚至避免这一局限。要完善网络调查数据，提高网络调查的质量，调查也可根据不同的需要设计不同的调查样本。

相对而言，通过视讯会议或BBS在一定的时间内对网民进行调查，更具有代表性并且适合于对某项专题进行深入细致的研究。在这些论坛、会议区的问卷调查可以设计提问，通过问答式的调查获得与调查主题相关、重点突出的调查结果。还可借助E-mail发问卷调查，这种调查适合于小范围进行。

四、网上查证事实

资料的搜集和数据库的建立是记者的重要工作；只有不断积累，才能丰富记者的知识，保障记者遇事不惊。传统的积累方式耗费记者大量的时间、经历，时常通过剪报、抄写、复印积累资料。现在有了网络就方便多了，通过网络检索资料方便、及时，不受时间、地点和文本的限制。重要的资料记者还可以将其下载储存在个人的电脑资料库中。在西方，数据库是被记者广泛使用的重要的网上资源。例如，1996年美国乔治亚州有一架飞机撞上灯塔而坠毁。美联社一名记者立即通过PhoneDisc数据库找到了遇难者的电话号码，与他们的家属和亲友取得联系，并根据他们的描述，在网站上发表了新闻特写。

但是，互联网的特性决定了它是一个几乎没有管制的信息通道。因此，互联网在给记者提供丰富的原生信息的同时，也难免有大量失实，甚至虚假的信息。因此，记者在网上查证事实时必须辨别网上信息的真伪，对网上得到的信息进行认真的查证和核实，保证其真实性和准确性。

怎么来辨别网上信息的真伪呢？首先要调查信源的可信度。一般说来，如果信息来自有权威性的机关团体或国内外有知名度的网站，其信息的真实性较为可靠；如果说信息来自一些无名的个人网站或网页，就需要对事实进行认真的核实。所以查证域名了解信息的发布者或网页、网站的所有者很重要。互联网络可以对一系列数据库进行检索。这些数据库往往面向多方主体，常常与证券交易所、政府部门、跨国公司等保持信息交换关系，因而从中取得的信息具有很强的专业性和权威性。在新闻采写过程中，如果记者能恰如其分地运用这类信息，无疑会使采写内容更加准确深刻。

比如，美国《新闻观察家》报曾通过检索美国各州政府3000多个数据库，发现了一家被火灾烧毁的鸡肉加工厂，在其存在的12年中，竟然没有受到健康与安全局官员的一次检查。州政府数据库的查证是可靠的，这种数据查证在新闻报道中也是有效的。

利用各种在线资源如辞典、百科全书、地名索引、年鉴和汇编等，进行数据的检索和事实的交叉验证也是查证的途径。利用在线服务提供的各种报告与文章的数据库、新闻稿以及重要组织机构和个人的环球网主页等查证也是较为可靠的途径，因为他们是公开媒体报道过的资料，经过较为规范的核实工作。网络上一条原生信息往往有多个出处，记者在查证中要尽量从多个新闻源中进行比较和过滤，去伪存真，去粗取精，保证为公众提供完全真实可靠的新闻。

辨别网上信息真伪的第二点是，从多方面了解信息发布者发布信息的宗旨和目的：所发布的信息是否做到客观公正，是否带有政治上或意识形态上的偏见，是否带有商业炒作的成分，提供的信息是第一手材料还是道听途说。

比如，最早披露美国前总统克林顿"拉链门事件"的是美国的一个个人网站——《德拉吉报道》。1998年1月17日（星期六）深夜，麦特·德拉吉向他的世界各地的近5万名新闻邮件订户发送了一个令人窒息的信息:"白宫实习生与美国总统有染。"发送信息的同时也将信息放到他的网站上。德拉吉的信息很快被人贴到一个个网上新闻组中。到星期一早晨《德拉吉报道》又更新了内容,这次直呼莫尼卡·莱温斯基的芳名。星期二晚上,德拉吉挥出了致命的重拳——联邦调查局手中有一盘电话录音,这盘录音带进一步证实了白宫绯闻的真实性。直到这时,美国诸多主流媒体仍不敢转用《德拉吉报道》的信息,谁也不知道德拉吉的消息来自何方。主流媒体只是派遣了大量的记者四处探消息。星期三早晨《华盛顿邮报》《洛杉矶时报》开始介入,但也没有引用《德拉吉报道》消息源。之后CNN开始全力追踪此消息,不断推出新的信息,其他电视网和其所办的网站才敢跟进报道。

其实,《德拉吉报道》并不是一个完全不可靠的网站,在此之前它已经相当有名。《德拉吉报道》网站诞生于1995年,德拉吉在好莱坞的一间局促的卧室中开始了他的报道工作。德拉吉深知消息源可靠性的重要,联络了相当可信的提供信息的线人。他独家报道过CBS解雇著名华裔主持人Connie Chung等系列报道。他在美率先发布黛安娜车祸身亡消息等,多次证明他的消息是第一手材料而非道听途说。所以,他的网站点击率每天4万次。美国在线也将他的网站同步放到美国在线上,并每年支付他各种开支费用3.6万元。但在重大新闻报道中,美国主流媒体对网上的传播还是经过较长时间的鉴别比较才敢相信,而且不经过自己记者的采访与核实也仍不敢莽撞引用。

辨别网上信息真伪的第三点是,注意信息的时效性。网上信息丰富多彩、包罗万象,但也有许多是已经过时的旧闻。因此,在网上查证要注意网页的更新频率和更新时间,内容是否已被刷新。2004年1月18日,《中国青年报》头版刊登一篇题为《考前两分钟作文试题即现网上》就是记者追踪网上信息写成的。报道说,本报记者首次披露今年考研英语作文试题在开考22分钟后出现在网上引起广泛关注。今天记者又得知,在英语开考前两分钟,作文试题已经被贴在考研论坛上了。1月10日13时

57分,一位网名为"南方之南"的网友贴了一篇题为"英语考试作文题目出来喽"的帖子,内容是"呵呵,作文题目出来了:终点又是新的起点,阐述并举例"。此题即为今年硕士研究生招生英语作文试题,此时距离正式考试时间还有2分16秒。这篇报道就是记者追踪网民贴帖子时间抓住的新闻。之后,记者一直在线跟踪其他网友的跟帖,还查证了相关网站管理人员。并了解到管理人员是因为不知道网上贴的是真题,所以没有及时删除。

记者对时间应该敏感,上述《德拉吉报道》也是以其网页更新速度的惊人赢得读者。他曾说:如果你打盹,你就输了。他常常拥有独家报道,而主流媒体没有,原因就是注重时效。

第七章
采访方法

第一节 点面结合

点面结合是任何记者都必须使用的基本采访方法，原因很简单：这是任何人认识事物的规律。其内涵就是要善于把个别实事和一般实事联系起来，从而达到了解新闻实事的目的。

"面上找题目，点上作文章"

这是我国新闻界的同志在实践中总结出的重要经验，是点面结合的一种形式，甚至可以说是点面结合的主要方式。记者首先应该对一般实事有个普遍性的了解，对整个形势发展的趋向、矛盾的焦点、群众关心的问题、事物进展的程度等等，即人们常说的"面上的情况"有个了解，然后，他才能够得心应手地去发现和捕捉新闻事实。否则，就会是"瞎猫碰死耗子"，使工作带有极大盲目性和偶然性。

记者了解面上的情况，首先要靠自己留心，留心观察，留心收集材料，细心研究各方面的情况。要力争由点到面，达到对全局或某些全局性的问题有个概括的、全面的认识，做到"胸中有全局"。

记者了解面上的情况，在很多的情况下是要靠学习领会党和政府的政策，记者要经常转换自己的报道方面、报道题材，情况又是在不断变化的。因此，光靠记者本人去直接掌握面上的情况，那是非常困难的，必须依靠党组织和政府部门以及其他社会组织的力量。党和政府的政策是对面上情况调查了解以后制订出来的。一般说对面上的情况是有很强的针对性的。而且，政策不仅提出了问题，还提出了解决问题的方法。

所以，学习政策、学习文件，是记者掌握面上情况的最重要、最经常的途径。这也是社会主义国家记者进行工作的有利条件之一。

记者还要不断地从编辑部获得面上的情况，作为自己行动的参考。许多记者都有这样的情况，出去采访时间长了，在一个地方蹲久了，就有些头脑不清醒了——因为不了解面上的情况了。在实际采访中，了解面上的情况、从中提炼报道思想，同确定"做文章"的那个"点"，并不是截然分开的。在解决"面"的问题的同时，也可能解决"点"的问题。深入解剖到一个点后，又可能对面的情况加深了了解。但从侧重点来说，一般总是从面到点，从解决记者的报道思想，到选择并了解所报道的新闻事实。

会议报道——"面上找题目，多点做文章"

上面说的"面上找题目，点上做文章"的"点"是一个点，有的报道不仅需要一个点，而是需要多个点。会议报道往往就是如此。

我国每年3月的全国人民代表大会和全国政治协商会议简称为"两会"。"两会"要讨论和决定当年国家宏观政策最重大的事宜，因此，"两会"的报道是各个新闻媒体每年的重点任务之一。各省也是如此。而"两会"报道的矛盾点在于：一方面，它是一个决策性的大会，新闻报道必须把会议的最重要的精神传达给广大的受众。所以，他的内容不是报道某一件或某几件具体的事实，而是指导思想。另一方面，它又是一个体现民主和实现民主的大会，新闻报道必须把各位代表和委员的具体意见和建议反映出来。所以，"两会"报道要想成功必须是这两个方面的结合，必须采取"面上找题目，多点做文章"的办法。

所谓"面上找题目"，就是把会议精神吃透，同时把其中最关键的问题和老百姓最关心的问题找出来，由此来确定报道的题目。所谓"多点做文章"就是要寻求诸多的代表和委员，了解他们对这些问题的看法。一般不是找一个代表或委员，而是多个，所以叫做"多点"做文章。

点面对照，反复比较

点面对照，反复比较，是记者在采访中必须运用的辩证思维方法，也是记者在采访中认识事物的过程。

一个比较完整的采访过程——从记者的思维过程来看，大体是这样：

第一步，了解面上的情况，学习有关政策，明确报道思想。这是掌握"面"、"共性"、"一般"、"普遍"的阶段。

第二步，进入到采访点（单位或个人），记者面临的是了解"这一个"的任务。各个单位和各个人，都是不同的。不了解它们（或他们）的特点、特殊矛盾就等于没有认识某个具体单位或个人。而要认识这个单位或个人的特点，不用许多单位或个人来做比较，即用面和点对照、比较，是很难做出准确而深刻的判断的。

第三步，对于所报道的单位或个人的特点、特殊矛盾等做全面的分析，把它们分成两类：一类，包含有共性的个性，包含有普遍的特殊；另一类，纯属偶然的个性，毫无普遍意义的特殊。记者所注意的、报道出去能够发生较强指导作用的是第一类材料。第二类材料不是说报道中根本不用，但用的时候，只占辅助、次要地位，而且要把特殊条件讲清楚。

第二节 短仗长打

绝大多数的采访必须是速决战。这里通行的"战争"法则是：不速决，便失败。

为什么必须速决？因为在新闻报道中，事实应该是新近发生的，报道必须是迅速的。采访时间过长，新闻便可能在采访过程中死于"娘胎"之中了。如果考虑到各个新闻单位和新闻手段之间的竞赛和竞争，那么，速决就显得更加重要了。

但是，速决是不容易的。采访一个简单的事实，也许好办；如果采访一个较为复杂的事实，或者了解情况难度很大的事件，做到速决是相当困难的。

为了解决这个问题，不仅要求记者具备机敏的头脑，训练有素的业务能力，必要的设备条件，新闻单位各个部门之间的和谐的配合，还需要采取正确的采访方法。"短仗长打"，就是这样的基本方法之一。

所谓"短仗长打"，就是把短时间要完成的任务安排到较长的时间内去完成，而不影响采访的质量，或者用较长时间的准备工作为短时间完成现场采访任务打好基础。

在新闻同行之间，常听见这样的说法：某某是"快手"。意思是说，某某记者采访快，稿子出手快。对"快手"的解释，不应该从人脑的构造中去寻找，应该从记者的工夫、方法中去探求。

长期积累资料

长与短，慢与快，持久与速决，是能够互相转化的。记者可以通过长期的努力，一点一滴地慢慢地积累，持久不懈地研究，使自己具备在短时间内迅速完成某一项采访任务的能力。

长期的积累资料是整个记者工作的不可分割的一部分，也可以说是记者采访的有机组成部分。

长期的资料积累，可以使记者在很短的时间内寻找出写某个报道所必需的参考资料、背景材料，可以使记者迅速而顺利地引证某些资料。不然就会拖延时间，结果不是把报道拖"死"，就是让报道低质量发出。记者一定要经常有些题目，在自己的头脑里慢慢地积累和酝酿。现在有些记者常常接到报社要得很急的题目，因为平时没有积累和酝酿、临时赶凑，结果生产得很慢。要改变这种情况，就要做到心中早有准备。记者要能写出"叫座"的文章，就一定要注意平时的积累，依靠自己长时期的多方面的观察和思考。

采访所以不能速决，有时同新闻事件的意外性有关。记者如果事先能预计到某类事件将要发生,将要在什么时间、什么地点发生,并根据这种估计做好准备,那么,事情一旦发生了,他就可以立即做出反应,迅速投入战斗。事情的发生有其偶然性,但偶然性中包含有必然性,掌握大量的资料,就有助于记者了解事物的本质,掌握必然性,应付偶发或突发事件的采访。

新闻记者的资料积累是有自己的特点的。第一,广泛性。记者与科研工作者不同,科研工作者的资料积累是非常专的,因为他们花费很长时间,甚至一生的时间,只研究一两个问题,沿着一个方向,不断地深钻下去,记者很少有可能花上半年时间,毫无旁顾地死啃一件事情和一个问题。它要不断地、上下毫无必然联系地从一个课题"跳"到另一个课题。只在一个专门问题上占有大量的资料,对记者是不合算的,也做不到。如果说科研人员是主动地确定主攻方向,并为此准备弹药的话,那么,记者却是要被动地为应付不知来自什么方向的何种"进攻"做好准备。

第二,记者的资料虽全面,但仍有其侧重点,这就是涉及当前最迫切问题的,群众普遍关心的那些方面。记者要紧紧围绕这些方面积累资料,这也可以称为记者资料的"新闻性"吧。

第三,记者收集资料是为了传播事实和意见,它的首要目的是传播,而不是像科研人员那样,首要的目的是探索新的奥秘。这样,记者资料的内容,主要应该是使人们了解某个事物,而不一定达到掌握它。比如,一种特殊的材料试制成功了,记者关心的是它的性能、用途等等,至于制造它的那些具体数据,业务术语,记者一般是不必深究的。所以,记者的资料偏重于概貌、历史、基本数据、趣闻、细节等等易于"通行"的东西。

关于如何积累资料,许多记者介绍过许多宝贵经验,这里勿须重复。需要强调的是,必须建立起这样明确的认识:积累资料是采访的有机组成部分。不懂得积累资料,就是不懂得"短仗长打"。采访也可以分为这样两类：直接了解新闻事件的采访，为采访而进行的采访。后一类采访像军队中的后勤工作，表面上它没有直接参加战斗，但离开它战斗必定失败。记者应该有目的、有计划地进行这种为采访而进行的采访。一次采访的内容和成果也可以分为这样两部分："消费"部分——在目前的这次报道中将要使用的材料，可积累部分——对未来的报道将会有用的材料。据一些有经验的记者粗略地估计，一次比较深入的采访所捞到的材料，当时能够"消费"的约占20-40%，其余部分就放在本子里了。之所以称它们（包括一部分已用过的材料）为可积累部分，是因为放在本子上的这些材料仍然有两种前途：或者稍微加工，把它们积累起来；或者放置不顾，久之，没有消费而是浪费掉了。在采访中注意积累，把采访作为积累的重要手段，记者才能"扩大再生产"，也才能逐渐变成一个"富"记者，而不会终生受"穷"。

分解任务，预制构件

在现代建筑技术中，有这样一种快速施工方法：先以工厂生产方式制造成预制构件，然后在施工现场用很短时间把楼房安装起来。记者在采访中，同样可以使用类似的快速施工法。可以把一次采访任务，分解成两部分，一部分，必须或只能在采访现场完成，另一部分，可以在其他时间，其他场合完成。这样分解以后，记者在采访现场只完成那些必须在现场完成的任务。任务减少了，集中了，而且在现场只是"组装"，其余任务在其他地方已完成了，自然就快得多了。

浓缩问题

有些采访活动中，记者可以用来提问题的时间很短，而事先采访活动和预制构件的工作又很难进行，这时记者就必须采取浓缩问题的方法。

记者必须学会浓缩的本领，把某些很复杂的问题，浓缩进一个或数个简单的问题里面。简单与简单不同，有初级与高级之分。譬如摄影，初学者拍照时，也是一按快门，"咔嚓"一下子，摄影大师拍照时，同样是这样的"一下子"。但后面的这"一下子"就包含着他多少年的经验和技巧。因此，同是"一下子"，相差却很大。前者是初级简单，后者是高级简单。记者所追求的就是要提那些高级简单的问题。高级简单是靠浓缩而成的。在高级政治活动的采访中，记者能够使用的采访时间更加短暂，不是一两个小时，常常只有一两分钟。两个国家领导人在会见前的短暂时刻，首脑人物会谈中间的休息瞬间，访问途中，飞机场，……记者经常只能利用这样的稍纵即逝的场合采访，而采访的内容一般总是重大的。那么，记者必须事先把"针"准备好，才能"见缝插针"，达到目的。

"不打无准备之仗，不打无把握之仗"，这条军事原则的前半部分，对记者是完全适用的。记者不可能有十足的把握才去采访，但却可以尽量做到有充分准备。所谓"短仗长打"，实质上是研究采访的时间分配和从时间的角度来研究采访的准备工作问题。准备工作应该是多种多样的，有长期的准备，有"临战"的准备，有事前的准备，也有事后的"弥补"（这也可以看成特殊的"准备"——达到和准备同样的目的），可以是为采访事先"备料"，也可以是对现场采访任务的合理分解，还可以是为现场采访准备更尖锐的"武器"。在采访实践中，记者应该机智灵活，从实际出发，创造出多种"短仗长打"的具体方法。

第三节　易地采访

机动记者往往易地采访。到异地采访，应了解当地情况，多听意见，对当地记者要尊重。

易地采访应注意的问题

从一些记者的实践经验来看，为了搞好易地采访，应注意以下几点：
1. 易地采访一般以专题采访为宜。

2. 记者初到一个地方，情况不熟，更应谦虚谨慎，在深入了解情况的基础上有了把握再写。写了最好请当地有关同志看看，多听听意见，切勿自视高明。

3. 对当地记者要尊重，平等对待，不以特派记者自居。

4. 不与当地记者抢新闻。

5. 利用易地采访机会，学习外地记者的长处。

第四节　抽样调查

抽样调查方法在新闻领域的运用，主要着眼于调查对象的数量，向受众提供科学的数据。它带来的好处是，不仅增强了新闻报道的说服力，使新闻报道奉为生命的"客观"、"真实"的本质特点得到更好的再现，而且给受众对事物的认识在观念上量化，同时又给决策部门提供了决策的可靠依据。

我国的新闻实践引进抽样调查方法是改革开放以后的事，其主要形式有三种：一是对媒介受众情况的调查；二是调查结果被引用于传统的报道形式中，以加强说服力；三是以"精确新闻"形式出现的抽样调查报告。某些媒体开辟了"公众调查"、"调查新闻"、"精确新闻"等专版，刊登按照严格的抽样调查方法获得的数据以及由此产生的报告。

抽样调查方法的大致实施过程如下：

首先是确定调查主题，分析其可行性和现实意义；

其次是根据调查的目的、要求以及时间、人力、物力、财力等客观条件，确定调查计划和实施方案；

第三是界定调查总体，抽取样本，拟制问卷；

第四是实施调查，通过人员访问、邮寄访问或电话访问等方式完成对问卷上问题的回答，在此过程中要进行督导和复查。

第八章
采访重点

记者采访报道的一切新闻都要包含一个"新"字，突出一个"新"字。新闻是姓"新"，新闻之新，是闻者之新，新闻之闻是闻者之闻。大千世界，沾新的事千千万，采访重点放在哪？我们采访的目的，是为了及时地报道新闻。闻者是受众，也就是说报道新闻是为受众服务的。受众需要什么？根据党的新闻工作多年的经验，根据媒体的现实需要，重点应放在抓新动向、新事物、新成就、新经验、新风尚、新人物、新问题上。这是采访的重点，也是报道的重点。

这"七抓"带规律性，它大体概括了采访报道内容的基本方面，反映了我国新闻媒体对新闻价值的理解和取向。为何采访报道的重点要放在抓"七新"上？通过抓"七新"，可以使我们的新闻媒体密切联系实际、联系群众，对党和政府的工作、对全国人民，更好地起到引导、组织、鼓舞、教育、批判和推动作用。因此，新闻采访的重点要放在抓"七新"方面。

第一节 抓新动向

动向即事物发展变化的方向和趋向。新闻媒体有责任把那些事关大局的新动向揭示出来。抓新动向，有赖于记者敏锐的洞察力，善于透过个别看一般，透过现象看本质，在一般人尚未察觉或完全没有察觉到的时候，就紧紧抓住它。

一、记者应关心的动向

新动向的分类主要有以下几类：从敌我分有敌人动向和人民内部动

向；从领域分有政治动向、经济动向、文化动向等；从地域分有国内动向和国际动向。

抓新动向（指事物发展的新方向以及新趋向）着重从四方面考虑：

1. 要关注政治新动向：政府举措。
2. 要关注经济新动向：应关心经济领域的市场动向、物价动向、金融动向、股市动向、外贸动向等。
3. 关注社会思想新动向：崇尚个性化，以人为本。
4. 关注国际新动向：国际局势的情况。

二、抓动向要有全面观点

新闻工作是政治性很强的工作，记者在任何时候都不应忘记政治。一些国际上的动向，由于和我国关系密切，需要我驻外记者和国内记者相互配合进行报道；有些国际上的重大动向，把握它是为了投入更大的报道力量，加强报道。社会思想包括的范围很广，记者要明辨是非、处处留心才能捕捉到好新闻。经济问题是关系国计民生、政治稳定、国力强弱的大问题，因此，经济领域的动向除了跑经济的记者关注外，其他记者也应该关注。

总之，抓新动向要有全面观点。动向包括正面的和负面的，所谓正面的动向，是指那些解决矛盾较好，且预示着一种发展方向的事物，是为弘扬正气，发展积极因素。抓负面的动向，是化负为正，化消极为积极，促进矛盾的转化。

第二节　抓新事物

新事物不是一个简单的时间概念，它是指社会发展进程中出现的那些符合历史发展规律、能给人们指明前进方向、具有强大生命力的事物。宣传新事物的意义：这种新事物往往代表着一种生产关系或生产力，被广大群众接受后，就能起到推动历史进步、产生巨大社会效益和经济效益的作用。

一、要善于发现新事物

平时，我们采访中常遇到的内容不是大同小异，就是报道价值不大。但对于那些老内容、老主题，只要认真琢磨选角度，也能写出新的意境来，给人以耳目一新之感。比如为美化城市环境，机关、企事业单位组织职工义务劳动本是老内容、老主题，并无新意。如果我们从来支教的外国人、外资企业职工参加到义务劳动的行列中这一角度切入，赋予这一老主题以新的内涵，就会提高新闻报道的影响力。

任何事物都是在不断发展变化着的，要选择好新闻角度，就要从事物的发展变化中去寻找。新角度是客观事物发展变化的结果，它不是我们记者和通讯员主观臆断和笔下生花写出来的。所以，新闻角度的选择，不仅是方法问题，而且是我们具有新闻敏感性的问题。这就需要我们必须长期深入生活、观察生活，对生活不断有新的认识、新的理解、新的感受，只有这样才能透过现象揭示生活的本质，才能捕捉到新闻的最佳角度，写出能够反映时代特点的好新闻。

二、要敢于支持新事物

法拉奇诠释新闻采访时透露的一大法宝就是勇敢。他假定公众有权利知道新事物的答案，不愿被人漠视。勇敢是作为一名记者最基本的素质，当新事物出现时要有冒风险的准备，记者应客观公正地去报道，要敢于去支持新事物。

三、要热情支持新事物

当一名记者勇敢地去支持新事物时下一步就要进入探索阶段，这就需要记者深入采访。也许对新事物的采访比较困难，这时记者就需要拿出万分的热情。采访前做细心的准备，赢取被采访对象的信任，同时要善于倾听观察，用十足的热情来发现新闻点、感染被采访对象。也许新事物刚刚出现会有一些缺点，但作为一名记者要正确对待新事物的缺点。

第三节 抓新成就

抓新成就是指抓各行各业的新成就，抓改革开放和社会主义现代化建设的新成就。

一、报道新成就，一个重要方法是以小见大，另一个重要方法是以大见小

以小见大，从人们生活中须臾不可离开的东西切入，以人民生活方面的小变化反映国家的大变化；以大见小，即以重墨着力宣传重大工程、重大项目的建设情况，以反映国家欣欣向荣的大好风貌。

二、在报道重大工程建设时，要特别注意

1. 要用力气报道好"第一个"，填补我国空白的，例如："神州五号"飞船。

2. 要权衡轻重。例如南昆铁路的报道，南昆铁路被誉为"中央最大的扶贫工程"，1990年12月动工，1997年2月竣工。

3. 要重视人才的作用。要写重大工程中的人怎样克服困难，怎样尊重科学，发挥聪明才智。

4. 做好"外"字文章。写写在工程领域的外国专家。

5. 要实事求是。讲成绩，不能虚夸。

6. 选择恰当的报道时机。例如配合五一、十一、党代会、人代会之类的重要活动。

7. 要不忘后续报道。例如对"京九"铁路的报道，1996年9月1日

全线开通，1997年4月，文化部、铁道部组织的"京九文化列车行"，对沿线铁路职工，特别是革命老区人民作慰问演出。

第四节　抓新风尚

新风尚，是指在一个时期内社会上流行或兴起的新风气。新风尚的特点是对旧风气而言，所以，其针对性较强，属于正常情况的凸现性。新风尚的着眼点：着眼长远、同中求异、异中见新、以点照面、小中见大。

社会主义新风尚是社会主义物质文明和精神文明的双重体现。

新风尚蕴含着真善美。抓新风尚的报道，实际上就是在弘扬真善美。

一、报道要有长期观点

一篇优秀稿件的产生，需要记者对社会的长期关注和理性思考，新闻敏感性也正是在这种长期的关注中培养出来的，一旦碰到合适的新闻由头，便会撞击出灵感的火花。作为新风尚报道，记者首先通过宣传解决受众的认识问题，将新风尚的观念深入人心；其次通过事态不断地发展，长期关注，将新风尚的新动态及时报道，将观点展示给受众。

二、同中求异，异中求新

新风尚报道作为一种重要的主题在新闻报道中必不可少。但在宣扬典型的大潮中，也存在一些问题，出现了几种所谓的"宣传模式"：一为"雕像式"，典型人物高高在上、空洞说教，没有亲切感；二为"画像式"，典型形象千人一面、毫无特色，没有吸引力；三为"神像式"，故意回避典型缺点，营造光环效应，缺乏可信度；四为"蜡像式"，典型看似栩栩如生，实则毫无情感和生命力。这些典型报道，"年年岁岁花相似"，失去了典型报道应有的魅力。在实践探索中不可否认，方式一变，读者爱看，求新求异，效果明显。因此在新风尚报道中要做到同中求异，异中求新。

1. 观念创新。新风尚报道引导和宣传作用较强，因此报道中"教化"的作用也比较明显。长期以来，人们早已对新风尚报道居高临下的教化方式习以为常。而新风尚报道的引导、示范作用，是在受众主动选择过程中通过新闻传播的事实来实现的。而在多元化的社会中，人们已对单纯的"教化"新闻失去了兴趣，所以淡化"说教"，从居高临下的传播理念中摆脱出来显得十分必要。新闻工作者只有用平视的眼光和客观的态度去寻找和挖掘典型，才能做出深入人心的典型报道。只有这样典型才不会让人感到陌生和高不可攀，受众才会从内心真正地接受典型，学习典型。

2. 主题创新。过去，媒体作为喉舌，新闻宣传多是围绕各级党委、政府的中心工作而开展的，新风尚报道更是对一段时期中心工作中最具代表性的人和事进行报道，主题较为单一。随着社会的多元化，单一的一元化的主题已远远不能引导和示范广大群众的思想和行为了。要使典型报道的主题从一元化向多元化转化，新闻工作者要把目光投向更为广阔的社会生活，反映社会不同阶层的人们身上所体现的时代精神和生活追求。主题的多元化必将使典型报道更具活力和影响力，其引导、示范作用也将得到更大的发挥。

3. 形式创新。过去，新风尚报道为了突出其指导教育作用，报道方式总显得太直、太露、太硬，表现手法也十分单调，没有更多地考虑受众的感受。求新、求异是受众接受信息的普遍心理，改变其陈旧、单一的报道模式，才能更好地被受众所接受。

4. 表现手法创新。当今新闻媒体竞争激烈，大众传播平台异彩纷呈，而且读者对新闻信息的取舍选择自由度越来越强。所以今天的先进典型人物的报道，只有树立读者意识、精品意识、新闻意识和创新意识，坚持"三贴近"原则，才会被广大读者所认同。也只有如此，才能使我们的先进典型人物，真正走进读者心中，发挥典型引路的教育示范作用，才能使我们的新风尚报道成为新闻的一种拳头产品，永葆新闻魅力被广大读者所青睐。

三、抓树新风的典型

抓新风尚主要是抓树新风的典型。在树新风中，先进个人和先进群体的典型作用，在于它具有广泛的群众性，能更好地表明我们社会文明的普遍程度。

四、用对比的方法进行报道

报道新风尚的最好方法是对比。对比，反差鲜明，既表扬了好的，也批评了差的；对比，可以竖比，也可以是横比。

第五节　抓新经验

经验是人类的创造，实践的总结。人们在改造客观世界和主观世界的过程中，不断碰到新的矛盾，又在不断探索解决新矛盾的途径。新矛盾的解决，就产生了新的经验。经验作为精神财富，一旦被更多的人所认识所掌握，便会转化为巨大的物质力量，推动社会前进。我们的记者在历史上曾经传播过许多重要经验，这些经验对革命和建设都起过重要作用。今天，面临着改革开放和建设社会主义现代化强国的新任务，传播新经验仍然应该是记者报道的一个重要课题。

一、发现新经验

抓新经验，首先是发现新经验。发现新经验，要靠深入实际，深入群众，深入基层；实际、群众、基层，是新经验的"源"。

二、传播新经验

传播内容主要是经验创造者和经验接受者；前者指经验创造人和经验

本体，后者专指那些接受经验并付诸实践的对象。不对他们报道，经验报道就无从谈起。

传播经验的报道，在写作时，一要注意语言，二要注意表现手法。语言是思想的载体。用什么样的语言、什么样的表现手法更好地反映经验，为读者易于理解和乐于接受，是应该重点考虑的问题。

第六节 抓新人物

在新闻宣传工作中，我们常说报道新人新事。这个"新人"，是一个内容较广的概念，凡是有新思想、新道德、新风格、新创造、新事迹的人物，都可以称做新人。先进人物和新人不是同一个概念，但先进人物一般都具有新思想、新道德、新风格、新创造、新事迹等几种特征，所以理应属于新人物之列，不仅属于新人物，而且是新人物的突出代表。抓新人物主要是抓先进人物的报道。抓先进人物报道的目的，在于弘扬先进人物的先进思想和先进实践，使广大群众学有榜样，赶有目标，让更多的人提高到先进水平。

一、先进人物典型的宣传呈现的特点

目前媒体对报道先进人物的宣传主要呈现出人物多样性、协同作战、形成合力、把宣传与学习结合起来的特点。毋庸置疑，宣传典型，用典型指导工作，用典型鼓舞引领人们奋发向上，既是各级组织的成功经验，又是新闻宣传的重要任务。然而，近年来，随着社会结构与社会发展呈现的新特点，社会思潮与社会风尚、生活方式发生的新变化，以及受众出现的多元化、多层次、多变量的新趋势，一些新闻工作者把典型"神圣化"、"模式化"、"文学化"，使典型宣传出现了一些带有倾向性的偏差：有的不顾时代的需要去"凑"典型，有的违背真实性原则和生活逻辑去"吹"典型，有的采取贬低群众的手法去"抬"典型，还有的强扭角度去

"造"典型,以致宣传出来的典型,失去应有的公信力,不是难以引起人们共鸣,便是令人不敢苟同,甚至使人反感。

二、记者在发现先进典型时需要注意的问题

在发现先进典型时记者应注意要识别先进典型真伪,要考虑典型性,同时在推出全国性的重大先进典型时,在一个时期内还要适度。在对先进典型进行采访时要注意:

1. 不要在采访一开始时就提尖锐问题;

2. 开始阶段最好用开放式问题,从对方最熟悉的话题开始;

3. 仔细观察并倾听;

4. 通过你的问题,在采访中引导他进入你设计好的思路;

5. 注意倾听,从中找到你原来没有想到的问题的线索;

6. 不断提醒自己,当你离开时,你准备写一篇报道;

7. 不能回避令人尴尬的问题,问尖锐问题的时刻最终会到来,只管问就行了;

8. 不要害怕问幼稚的问题;

9. 有时候,改变一下谈话节奏会有助于采访;

10. 不要因采访对象说"无可奉告"便放弃问题,那仅仅是攻坚战的开始;

11. 偶尔,你最好的引语来自采访对象认为采访已经结束之后。

第七节 抓新问题

问题就是矛盾,矛盾是普遍存在的。抓问题的目的,是为了引起社会的关注,引起有关方面的重视,促进矛盾的解决。旧矛盾解决了,新矛盾又在前头,矛盾不断地解决,推动着事物不断地向前发展。

实际工作和实际生活中有各种各样的问题,从新闻媒体所肩负的任

务来看，记者应着重抓好三方面的问题：一是着重抓对实际工作有指导意义的新问题；二是着重抓对生活具有影响意义的新问题；三要着重抓对社会具有警钟意义的问题。

第九章
采访提问

第五篇
问题的结果

第九章　采访提问

作为一个新闻记者，掌握采访提问的方法与技巧是十分重要的。记者若想从采访对象身上了解到情况，必须使用提问来诱导对方开口。《怎样当好新闻记者》一书的作者杰克·海敦指出："大约有百分之九十的新闻是部分或全部以访问，即向别人提出问题为基础写成的。"美国《塔尔萨论坛报》记者鲍勃·福尔斯曼曾说："笔下的功夫不强照样能当一名出色的记者，但不善于进行访问是绝对当不好记者的。"他们的话都是经验之谈，充分表明了采访提问对于新闻记者的重要性。

第一节　提问方式

1. 面对面的交谈：这是访问的基本方式。在采访比较重要的报道时，一定要找到负责人、当事人、见证人面谈，力争尽量多地拿到第一手材料。

2. 侧面问：主要是指访问新闻人物周围的人，从侧面了解新闻人物的事迹和思想。

3. 体验式访问：又称交谈式采访，即记者深入到现场，与采访对象"泡"在一起，一起生活，一块儿聊。

4. 书面采访：将提问写在纸条上给采访对象或用信函寄给采访对象，然后等待答复。

5. 电话采访：通过电话进行采访。

6. 隐身采访：指记者不暴露自己的身份到现场去采访和体验。

第二节　提问类型

总体来说，记者提问的问题可以归纳为两种类型：开放式问题和闭合式问题。

开放式问题

所谓开放式问题，就是问题提得比较概括、抽象，范围限制得不严格，开口很大，给对方以充分的自由发挥余地，使采访对象回答时不受什么明显的约束或局限，有一定的回旋余地，能畅所欲言。采用这种提问方式是为了获取更大的信息量，最后记者再根据报道需要提取当中最切题的部分。

在开放式中，问句也有一些模式，如"请您谈谈对××问题的看法"，"您对××说法有何评论"或"对××的印象如何"等等。在我国，开放式问题一般用于采访国家领导人、各级负责人、宣传干部、高级知识分子和文化层次较高的对象，以及重要外宾。

开放式提问有利有弊，其提问比较省力，问得比较自然缓和，有利于创造一个融洽的谈话气氛，采访对象回答起来也比较自由，多用在宣传性报道。但在调查类等新闻采访中如果采用开放式的提问，由于问题的焦点不集中，采访对象要认真回答的话就比较困难，很容易泛泛而谈，触及不到实质性问题，采访不易深入，也就难以达到采访的目的。

闭合式问题

所谓闭合式问题，就是问得比较具体、简单、单纯，范围限制严格，切中要害，目的比较明确、具体、细致，讲究"短、平、快"，口子是封闭的，给对方自由发挥的余地很小，一般要做"是"或"不是"这样直接的回答。比如"你是不是讨厌被采访""你对同伴的表现满意吗""你看到有人实施抢救了吗"等等。

闭合式问题具体、单一、指向性强，常用在追问上，能迅速了解相关新闻事实。问题具体，范围严格，可能会因为急着选择而丢失掉更好的提问点，但若选择得当，极利于深入情况和获得对某个问题的明确回答。运用这种提问方式的前提是一定要弄清楚采访对象的身份和事件的关系。

在采访提问类型中，闭合式提问是记者主要的提问方式。记者采访，从准备材料和选题开始就带有明确的目的性。因为记者从事的既不是作家漫无目的的体验生活，也不像社会学者的综合性调查，而是时效性非常强的新闻采访活动。这就要求记者必须在规定的时间、空间内得到具体的事实和自己想要的答案，从而完成一篇报道，所以迫使记者经常选择闭合式提问的方式。

第三节　提问的技巧

一、看对象

俗话说：到什么山上唱什么歌，见什么人说什么话。提问和说话一样，一定要看对象才能保证沟通的顺利进行，不然会出现鸡同鸭讲的徒劳之举。又有俗话"酒逢知己千杯少，话不投机半句多"，因此，记者必须把握住对方的心理，必须寻找和利用与对方的共同点，从而自然而然地引出话题。就房价上涨的问题对一位市长和普通市民的提问，自然就不能用同样的问题和口气。

记者提出的问题要符合采访对象的身份，为他量身定做合适的问题，达到只能由他回答。比如一位农民工第一次上春晚的舞台，记者应该问哪些问题？上台之前做了哪些准备？在台上感觉如何？和平常唱歌有什么不一样？离开之后生活有什么变化吗？这些都可以。但要问他"如何保证话筒音响灯光不出问题"就不合适，虽然大众也关心这个问题，但更应该去问导演，表演者根本不可能回答得出来。

二、由近及远，由易到难，由表及里，由此及彼

提问和说话一样，要符合人的思维规律，由浅入深，由易到难，由点及面，由表及里，由近及远，由此及彼。因为简单的、表面的、浅显的容易问题，都是比较好回答的问题，不会一张嘴就卡壳。而有关细节的、有难度和深度的问题应该在后面逐渐引出，层层递进，给采访对象一个梳理和思考回忆的空间，令记忆中的事实渐渐浮出。

比如采访在拘留所的车祸肇事者，可以按照"何时发生车祸——车祸地点——车上是否还有其他人——知不知道被撞车辆的伤亡情况——有没有想过逃跑的后果——逃亡生活如何——后来什么时候被抓——现在是如何想的"这样的时间线索来组织提问，由浅入深，安排合理，符合事件发生、发展、高潮、结束的逻辑，也符合采访对象回忆往事的心理过程。

三、抓住要害，提出对方不得不回答的问题

新闻要有人看就必须有新闻点和新闻价值，而这些都要靠记者在采访中挖掘。要抓住要害，就必须做到以下两点：充分的案头准备和采访周围的人，前者能让你充分了解采访对象的经历和在事件中的角色，后者是通过对采访对象周围的人进行先行采访，了解采访对象的性格、喜好、做事方式等，从中分析应该提什么样的问题才不会让对方拒绝而不得不回答。

中央电视台新闻评论部的赵微、柴静是此类提问的高手。赵微在湛江特大走私受贿案发生时采访湛江海关原关长曹秀康时，曹开始不承认自己受贿200万的事实是故意行为，说："当时真没想到那么一个界限上去。"赵微看准他抵赖的心理，马上问道："收了200万都没想到这有多严重啊？"曹干脆装糊涂："就这么一个卡（指受贿200万元的存折），咳！现在我就回忆不起来，当时这个脑子，这个脑子到底怎么去想这些问题。"

赵微继续追问:"那么你眼里200万不算什么大钱。"最后曹前言不搭后语地说:"200万,应该是很大的数字了,现在想应该是很大的数字了,200万哪,应该是很大的。"经过赵微见缝插针的提问,曹秀康的装傻敷衍心态被完全披露,采访的效果也达到了。

四、提问具体

越是经验不足的记者,提的问提越容易笼统,含糊不清。越是笼统的问题越难回答。最难回答的问题:你有什么感想?你当时是怎样想的?

提问越具体、简洁,采访对象越容易回答,记者也才越容易得到实质性的材料。冗长、复杂的问题,采访对象往往记不住、听不清,理解费劲,这时记者还得重复和解释,就变得很被动。记者要善于把抽象的问题具体化,复杂的问题简洁化,化整为零,把大问题分解成一个个小的问题,甚至变开放式问题为闭合式。

五、两面问

同一个问题要问不同的人,对同一个人提问也要问两方面:问正面,也要问反面;问优点,也要问缺点;问主要,也要问次要。比如问一位市民对政府建公园的看法,就可以问利与弊,有助于全面把握市民的看法。在有争议的问题上给双方以平等的发言机会,这是保证报道客观公正的好办法。

六、提问要讲究方式

提问是记者采访的基本功,它是检验记者的逻辑思维、判断事物的反应能力以及口头表达能力的最好尺度。在实际采访中怎样开口提问,提什么问题既能让采访对象讲出事实,又能让记者在相同的时间里获取更大的信息量是需要一定的提问技巧的。

1. 开门见山式

开门见山式即正提法——从正面直接提问，是直截了当地讲明采访目的，开门见山地提出问题。这种提问开诚布公，干脆利落，无须拐弯抹角。采访对象一般也会畅所欲言。这样，记者的访问就会进行得迅速而顺利。这是记者运用频率最高的提问方法。

一般来说，正提法适用于采访两类人，一类是记者熟悉的对象，定时间或某个特定场合的现场访问以及广播、电视的演播室采访、记者招待会等等，二是公众人物或者健谈的学者等，如领导干部、企业家、教师、学者、专家、演员、外宾等等，都可以直接正面提问。前者因为熟悉，情感交流早已建立，过于客套、寒暄反而显得见外；后者则有相当的社交经验和社会经历，顺应性比较强，容易领会记者的意图。既然是开门见山，提问的难度一般不大，只要注意提问切题、到位就可以了。但是这样一来提问的效果往往会缺乏生动性和深刻性，这就需要记者事先准备采访提纲时要周密、具体，另外谈话时还要有意识地按步骤引导和深入挖掘。

运用正面提问法，应当把握这样几点：

（1）注意情感的铺垫

正面提问的开门见山，并非直接生硬地发问。如果在提问前有所铺垫，对方心理上会舒缓一些，也能合作一些。

（2）防止提问过于直白

过于直白的提问，往往显得十分生硬，容易造成采访对象的心理排拒，难以获得有价值的信息和材料，而且还会给人一种笨嘴拙舌的感觉。

（3）善于处理谈话跑题

如果对方谈话跑了题，谈的又是一般性的内容，记者仍要耐心倾听。不可随意打断对方的话，或表现出烦躁情绪，以免损伤对方的自尊心和感情，引起对方的不满。这也是记者缺乏修养和无能的表现。此时，记者可以采取多种方式，比如"之前我们谈到……您还没有给我具体的回答""我还想听听您对……的理解"，自然而又有礼貌地把谈话引到正题上来。如果采访对象一再跑题，而且表现出对另一个话题更有兴趣，记者就要考虑自己的采访提纲是否妥当。

2. 启发引导式

一些采访对象面对记者的话筒不免有些紧张，有时对记者的提问表现得茫然不知所措，或者有些"老手"委婉拒绝甚至不屑回答提问，这个时候，记者千万不能着急，更不要误判，以为采访对象不配合、不合作，而应该摆出一个内紧外松的态势，即思想、心理活动仍积极进行，外部神态自然轻松，然后发挥"磨功"，与采访对象"闲泡"，力争做到他紧张你轻松、他冷淡你热情、他言者无意你听者有心，抓住机会，一举突破。

例如，记者曾采访一位高速交警大队长请他谈谈先进工作方法，他推辞说："其实没什么，都是我应该做的。"之后，在记者的一再鼓励下，他还是打不开话匣子。后来记者了解到他上大学的女儿曾写信历数了他的几大"罪状"，记者从这里找到突破口，从他的家庭谈起，谈到过去、现在、未来，这位大队长独到的管理方法和领导艺术不断从他的言谈话语中流露出来。

具体方法有：

（1）迂回法

这种提问是从侧面入手，采用聊天攀谈的形式稍作迂回，绕个圈子，然后逐步将谈话引上正题。这种访问一般时间性不太强，谈话也不受特定场合与报道方式的限制。

当采访对象感到紧张拘束，或者思想有所顾虑不大愿意交谈，或者虽然愿意谈却又一时不知该怎么谈的情况下，记者都可以采取侧面迂回的提问方式，逐渐将谈话引上正题。有些时候，记者不太摸得清底，想先试探一番，也可以侧面提问。

侧面提问的内容，应该是采访对象熟悉的、感兴趣的，甚至是最简单、最平常的，对方几乎无需思考、张口即答。这样，双方就能搭建起进一步交谈的基础。

应当明确的是，记者旁敲侧击，只是一种手段而不是目的。因此，聊天的内容应当是有目的、有选择的，表面上似乎和采访无关，实质上应该是有关联的。

如果有的采访对象确实不了解情况，没有什么话可说，那也不要勉强，不要强人所难。记者可以说上几句得体的话，让对方带着笑脸离开。要是再从中总结一下，也会积累一点经验。

（2）诱导法

采用启发诱导的方式，具有针对性地把采访对象掌握的信息引导出来。这种诱导，既可以引导对方的思路，又可以诱发对方的情感。

当记者遇到采访对象了解许多信息，却因谦虚不大愿意说，或者由于性格内向不会说，或者要谈的事情需要一番回忆，或者对方想说又不便自己主动说等情况时，都可以采取诱导提问方法。这种提问，可以进一步引导对方明确访问的范围和内容，渐渐打开对方的"话匣子"，也可以激活对方的思路，引起对方的联想。由于这种提问的针对性较强，对方会感到无处退让。

记者在采访前的准备充分，提问就是由已知求未知，提问就能准确恰当。同时，记者还能讲出一些具体事例，让对方回忆当时的情景或心理活动。这样，谈话的时间可能不长，却能够得到很有价值的材料。另外，由于记者事先做了准备，采访对象不愿意说时，记者可以根据已经掌握的事实进行提问，促使对方不得不开口。

有的访问对象本身材料很多，只是每天的生产、工作已经成了习惯，觉得没有什么值得谈的，或者一时也不容易想起来。这时候，记者只要讲出一点类似的事例，或者有意识地朝某个方面引发一下，便可以引起对方的联想，从而谈出更多、更有价值的材料。

运用这种方法，记者特别要把握"启发诱导"与"强加于人"之间的界限。

国外一些新闻学者主张避免诱导性提问，因为它"好像是在拐弯抹角地引出一个特定的回答,而不是客观地探问被采访者内心的想法",这个观点是有一定的道理的。如果把"诱问"变成了"强问",结果就是这样。

另外,在运用诱导法中,有的采访对象会投记者所好。对于这种采访对象提供的材料,记者要多问几个为什么,特别注意它的真实性。

(3) 追踪法

即指记者把握事物的矛盾法则,抓住重点,循着某种思路、某种逻辑,连珠炮式的提问。

这种提问既要按照事物的内在联系,把基本情况和事实真相了解清楚,又要抓住重点,深入挖掘,达到应有的深度。因此,也是记者常用的提问方法。

一般来说,记者对于骨干事实及其来龙去脉,对于触及事物本质的关键性材料,对于典型事例和典型细节,对于对方谈话中的疑点以及记者从对方谈话中发现的有价值的新情况、新线索,往往会抓住不放,打破砂锅问到底,直至水落石出。

追问,既要问得对方开动脑筋,又要让对方越谈越有兴趣。即使是批评性报道,也要让对方感到追问得合情合理。因此,记者态度、语气都要与谈话的气氛协调一致,不要把追问搞成追逼,更不要变成变相"审问"。

西方记者在采访中是比较善于采用追问方法的,并有一些行之有效的做法值得借鉴。

(4) 设问法

即指记者通过假设的方式提出一些假设性的问题,是一种"试探而进"的提问方法。

设问法往往用来启发采访对象的思路,引导对方谈出对某个问题、某种事情的真实想法;或者设身处地地为对方着想,积极帮助对方回忆某种情景;或者用来调节对方的情绪,促使对方谈出一些不大想说、不大好说的事情或想法;或者记者对人物或事物进行合乎规律的推断、预测,促使对方产生联想和想象；或者记者已经有了一定的认识，再提出一些假设性问题，同采访对象开展讨论，促使自己认识的深化。

运用这种方法，记者不仅需要丰富的社会知识和生活阅历，也需要较强的应变能力。

采用"如果"、"假如"一类的设问法，不但可以了解采访对象的观点、看法和见解，而且还能深入了解对方的内心世界。

运用这种方法时注意不要把自己的观点强加于人，或者暗示采访对象按照自己主观划定的框框去谈。

（5）激问法

激问法也称激将法，是记者对那些言不由衷、有顾虑怕谈或自恃地位高的采访对象采用的一种激发式的提问方法。记者通过一定强度的刺激设问，促使采访对象的感觉由"要我谈"转变为"我要谈"，从而打开采访通道。

运用激问法时，记者要考虑自己的身份是否得当，刺激的强度是否适中，还要考虑谈话的气氛怎样。这种提问要让采访对象既受到激发，又感到合乎情理。

西方记者大都热衷于采用激发式的方式提问，使得采访对象不能不提供记者所需要的信息。他们提问往往问得尖锐、刁钻、奇特，甚至古怪。某些资产阶级政治家，也爱接待这样的记者。他们通过巧妙地回答记者的刁钻刻薄的提问，能够在公众面前显示自己的才能。意大利女记者奥琳埃娜·法拉奇，就是以在访问中敢于提出尖锐的问题而著名的。我们可以从他们的实践和经验中吸取一些有益的东西。

（6）错问法

即指记者故意提出错误的问题，以考察、试探、激发采访对象，以便了解真实的材料，探求事实真相。台湾学者称之为"以误求正法"。

需要注意的是，运用错问法，可能会造成采访对象的某些误解。因此，在采访结束时，记者应当说明原委，消除误解，以免留下后遗症。

（7）插问法

即指在谈话过程中，记者及时地抓住对方谈话的某个疑问提问。有些采访对象在交谈时并不知道哪些材料有价值、哪些材料的价值不大，很可能在谈到有价值的地方会一带而过。这时候，记者只有及时地插问，才能把这种有价值的材料抓到。

另外，记者在访问中要善于做必要而适当的插话。特别是话筒前、镜头前采访，这种插话很有必要。比如重复、强调采访对象说的某个重要问题或某句关键性的话；纠正对方的口误；对方没有讲全，需要及时补充的内容；对方没有谈到，需要及时提醒的内容；尚未听清、听懂的话等等。

（8）借问法

即指记者借他人之口提出自己想提的问题。这种提问，不但可以借助第三者提出一些不宜于面对面提出的问题，而且可以显示出问题的客观性，增强提问的力度。采访对象为了澄清事实，以正视听，也往往会表明自己的态度或提供相关的事实。

（9）偏问法

偏问法在西方叫"严格提问法"，它与正问法相对，是有意避开正面的大问题，出其不意地从一个较偏的角度去发问，以引起采访对象对采访的重视和对问题的关注，或者促使对方心理上的高度集中，从而认真地回答问题。

（10）质问法

即指记者对持有敌意或持对立观点的以及固守错误的采访对象提出质问的方法。这种提问，无论对方是什么态度，也不管对方怎么回答，甚至对方拒绝回答均能构成新闻材料。当然，记者在质问时，即使问题提得尖锐，态度仍然要冷静，要出言严谨无懈可击。

（11）绝问法

即指记者从气势上和问题的强度上将采访对象置于绝境，迫使对方别无选择，只能如实地对所提的问题做出回答。

（12）潜问法

潜问法，是把提问的内容不按提问的方式，而是运用交谈的形式，把记者了解到的对方感兴趣的东西似乎是不经意（有时候却是特别强调）告诉（或展示给）对方，以引起对方的注意、认同和共鸣。

《新闻调查》的记者王志采访新任北京市市长王岐山的第一句话是："握不握手？"这里边很快就有了潜台词：我刚从非典隔离区采访回来，你怕不怕被传染？王岐山很痛快地回答他："有什么不敢？"这就为双方的谈话创造了平等的氛围。

3. 组合提问式

在采访中，一个记者"功力"再深厚也不可能只用一种方法来提问，而是多种方法综合运用。记者在采访中，提问可不拘一格，要见机行事。

总之，提问的方法丰富多样，记者都可以根据采访中的具体情况，灵活地加以运用。同时，这些方法既相对独立，又是互相联系的。它们可以单独使用，可以交替或交叉使用。记者掌握了每种方法的要领，就可以在访问的过程中运用自如，获取最佳采访效果。

第四节　提问注意事项

一、充分的前期准备

采访前的准备是采访中很重要的一环，被称为"静态采访"。有人把采访比作"面对面的短兵相接的战斗"，这是指采访时记者与采访对象在思维和技巧上的交锋。要想取胜必须知己知彼。这种"战斗"往往在一两个小时甚至十几分钟内结束，而为了这短暂的一瞬，记者往往准备了几天、几星期、几个月，甚至更长的时间。

如果记者前期准备不足，会造成两种情况：一是提问空泛甚至冷场，只能问些涉及皮毛的问题，比如"您对此有何感想"等等，而被访者的回答也可能仅停留在表面，用一些空话套话来应付；第二种情况是记者丝毫左右不了被访者的思路走向，人家想说什么就说什么，记者就变成个话筒架子，变成"捧哏"。

美国哥伦比亚广播公司的记者迈克·华莱士给自己定的规矩是在进行专访前，至少准备好30至40个"扎实"的问题；而在通常情况下，他在纸上会记上一百个问题。由此看出，前期准备是整个采访的基础，更是能提出绝妙问题的奠基石。做好前期准备，提问时才能围绕主题、有的放矢，找到被采访者感兴趣的话题。

二、与采访对象建立亲近感

新闻记者采访某个对象，大都是第一次接触，熟悉与信任无从谈起。在采访对象的心目中，记者就是一个陌生人。而怎样使得采访对象这个陌生人开口说话，吐露心思，这是记者们在每次采访中几乎都会遇上的问题。按照人际交往的原则，只有当人们彼此熟悉产生信任之后，才会向对方吐露自己的心事。向一个不熟悉的人透露自己的情况，人们会觉得极不安全。因此，有经验的记者在采访时并不急于提问，而是先着力于同采访对象建立亲近感。当双方心理上的距离拉近了时，再向其提问，从而顺利地问到自己所要了解的情况。

《人民日报》记者纪希晨有次在四川采访一个石油区的老干部，事先没打招呼，向他说明了来意，但老干部坐在那里，跷着二郎腿打官腔："你从哪里来的呀？干什么事呀？"纪希晨赶紧调整策略，向其提问："听你的口音，像是陕北人，是绥德米脂一带的？"一打听，果然是的，而纪希晨曾随部队在那里呆过。老干部的感情马上起了变化，又是拿凳子，又是倒水，滔滔不绝地谈开了。这里，两人共同呆过的地方，就成了连接记者和采访对象感情的"桥梁"。

三、提问要把握好语气和尺度

记者的采访是为了客观地了解新闻事实，因此注定记者提问的口气应该是平和、不卑不亢的。最应注意的是记者不能居高临下，以质问、呵斥式的语气向被采访者发问，哪怕对方是一名囚犯、乞丐，记者也应该站在公正、平等的角度进行采访，否则很容易使被采访者产生对立情绪，甚至导致摩擦。

记者不是审判者，和任何采访对象都是平等的，是对是错只能由观众来评说。对高者不卑，对低者不鄙，是记者应该遵循的原则。

四、提问要注意被采访者的情感

每一个人都是有情感的，在采访提问过程中，有的被采访者情绪低落，有的则情绪激动，我们的提问就要看准被采访者的情绪。恰当的提问会为访问增添丰富的感情色彩，引起观众或读者的共鸣；不恰当的提问往往会激起被采访者的对立情绪，导致采访的失败。

相声演员郭德纲曾因代言减肥产品广告被告上法庭，庭审结束后，其情绪很差。此时一记者上去就问："您坐在被告席上感觉如何？"还好郭是个幽默的人，没有发火，他瞟了记者一眼后回答道："要不您上来试试。"接着又反问该记者："您是报社记者还是电视记者？您从哪来？是坐飞机来的还是坐火车来的，来的时候您吃了吗……"看起来这是个笑料，但同时也提醒我们，被采访者的情绪如何，是不可忽视的。

有的记者在提问时，先将问题写在本子上，然后向采访对象一一提出。这样做当然是有充分准备，能对提问的结构作充分的考虑，但极容易将整个提问过程弄成"一问一答"，缺乏人情味，使人觉得像是在审讯犯人，自然会使得采访对象不情愿回答。如果设法把问答变为交谈、聊天，使采访人情味更浓，生活味更浓，往往效果更好。

第十章
访问规程

第一节 访问的类型

采访活动,是新闻活动中最核心的一部分。没有采访活动的话,那整个新闻便没有了基础和支撑。因此,了解访问的类型,对于采访活动的开展大有裨益。

在被称为"我国新闻界的破天荒之作"的《新闻学》中,著名新闻工作者徐宝璜将新闻访问分为了两种类型:因人访问和因事访问。因人访问,是指新闻采访活动的目的是针对某个新闻人物,以该人物的生平活动、功劳成就等作为新闻的主要组成部分。因事访问,则是指新闻采访活动是针对某个事件而开展的,该事件的来龙去脉、前因后果则是记者采访的主要内容。

不过,也有学者将访问的类型分为正式访问和非正式访问两种。正式访问是指事前有安排、有预约、有完整计划的采访。而非正式访问是指临时决定的、并无详细计划和安排的采访。

不论是因人访问和因事访问,还是正式访问和非正式访问,都不能穷尽访问的全部类型。在实际的采访工作中,记者还需要根据实际的工作情况来判断访问的类型,洞悉访问的基本要求,以指导采访工作更好地进行。

第二节 访问对象、时机、场所的选择

在《孙膑兵法·月战》中,孙膑已有云:"天时、地利、人和,三者

不得,虽胜有殃。"这即是说,在作战时,自然条件、地理位置、人心向背,都是决定战斗胜利与否的因素。而在新闻采访中,访问对象、时机、场所是否恰当,也直接影响到采访工作的成果。

一、对象的选择

俗话说,天时不如地利,地利不如人和。在新闻采访中,直接参与事件的主体即是"人","人"的因素起到了决定性作用。因此,在进行采访时,采访对象的选择是至关重要的。一个好的、恰当的采访对象,能使我们的采访工作达到事半功倍的效果。而这种事半功倍的效果,不仅仅是指记者能够得到自己本次采访所需要的信息,在更大的程度上,好的采访对象,还能够为记者做同类型新闻做好充分准备,是记者人脉关系上的一次累积。比如在做娱乐新闻时,记者应该与某位明星的粉丝团建立起良好的合作关系,这样不单可以了解到该明星的最新动向、获取该明星的爱好习惯等信息,甚至可以采访到明星本人。再如,记者在做经济新闻时,拥有一个长期从事经济学研究的教授或一位在经济领域内颇有声望的分析人士作"线人"的话,也能够为自己的"长期抗战"做好准备。

一般来说,根据不同类型的新闻稿件的写作需求,采访对象的选择可以分为新闻人物和新闻事件两类。

1. 新闻人物类

由于某人具有某种程度上的特殊性或某种意义上的价值,从而受到媒体的关注,而他自身的经历、见解、观点能够成为新闻稿件的主要组成部分,如对某个明星的专访、对亲历战争的难民的专访、对著名学者的专访等等,都可以划归为该类型。对于该类型的新闻,我们一般没有选择采访对象的权利,因为采访对象的指向是非常明确的,只能是这一个人,其他任何人都替代不了。

但是,在通常情况下,要做出一篇有质量的新闻稿件,尤其是写人物的深度报道时,采访的对象就能不仅仅限制在这个核心人物身上了。要了解新闻人物各方面的情况,还可以通过他的近亲、朋友、同事、领导甚至是竞争对手等熟知其情况的人来进行采访。红花需要绿叶来衬托,新闻的主角也需要有众多的配角来映衬,这样写出来的稿件才足够充实,新闻人物的形象才足够生动、丰满、立体。而从新闻业务的角度来说,多方面观点的融合,才能够保证报道的平衡,而不会出现该人物自说自话的情况。

同样,在进行该类型新闻稿件的采访时,可能会出现的另一种情况是,新闻人物已经去世,或因为其他各种原因,如犯罪入狱、身处海外、公务繁忙等,而其无法接受采访。在这种情况下,记者只能通过对其情况熟知的人来进行了解。这时,近亲、朋友等人物的观点和说法就显得格外重要了,而这些当事人之外的人所提供的线索,就构成了整个新闻报道的全部要素。不过,必须要提醒的是,在这种情况下,采访的对象应当要保证多而全面,由此尽量还原该新闻人物生活、工作、学习的方方面面。例如,《云南日报》在对保山市人大代表、原保山地委书记杨善洲的系列报道《坚守信念绿染大亮山》中,就有这样一段话:

……

"每次下乡,他都把锄头带在身边。"给杨善洲担任秘书11年,祝正光印象最深的就是杨善洲时常和农民群众一起下地干活。"那时他有一半的时间都在基层,每天天不亮,我们就出了地委大门,天黑之后才回来。地委开会都在晚上。"祝正光说,"书记一直认为,与农民群众一起劳动是了解基层、了解农民疾苦很重要的方式,和农民在一起了解到的情况最真实。"

1980年10月,时任中共中央总书记的胡耀邦同志到保山考察。总书记提前抵达,地委的同志迅速到板桥公社去通知地委书记杨善洲,到了公社才发现,他正在田里头和农民一起插秧,裤腿挽到了膝盖上,猫着腰只顾忙碌,听到工作人员的喊声,他才回过神来,赶紧拔腿往回跑。"杨书记是换了衣服才去见胡耀邦总书记的,可他和农民一起插秧的事还是传到了总书记的耳朵里。总书记感叹说像杨善洲这么朴实的地委书记还真不多见。"祝正光说。

……

"老书记12岁失去父亲,陪着母亲艰难度日,从小就深深地体味到身为一个农民的诸多难处。因此他处处从农民的角度去理解农民,从农民的角度去思考怎样'为民',并从农民的角度去思考怎样'为官',这使他与父老乡亲始终保持着一种水乳交融的紧密联系。"在杨善洲身边工作过8年的保山日报记者苏加祥这样解读这位"农民式"的地委书记。

……

这几段话里,记者分别采访了杨善洲的秘书祝正光和保山日报记者苏加祥,他们在杨善洲身边工作了11年和8年,对杨善洲生前的情况是非常了解的。由于杨善洲已经过世,不能亲自接受记者的采访,记者要了解他生前为人处事的情况,获得一些普通人不能观察到的细节故事,只能通过对其情况非常熟悉的人来获知,这也成为了记者采访时唯一的选择。

2. 新闻事件类

事件类的新闻稿件没有核心的故事人物,也没有必须围绕某个人来进行采访的写作安排,因此,出现在新闻事件类稿件中的人物应该是多种多样的。这些人物在新闻中起到由头、线索提供、现象解释等方面的作用,而这也就是说,采访对象首先应当是了解相关新闻事件、有一定材料资源的人。

其次,采访对象是否愿意接受采访,这也是记者必须要考虑的问题之一。一般来说,记者最好选择那些愿意向媒体透露相关信息的人,这不仅能让记者的采访工作轻松很多,使记者不必将精力过多地花费在说服采访对象上,而且,善于表达的采访对象往往会给记者带来一些意想不到的线索和细节,让采访工作变得更富有成效,使整个新闻稿件也变得更为生动与深刻。

第十章 访问规程

关于如何选择新闻事件类的采访对象,我们可以从众多的报道中窥出技巧,例如在对2004年震惊全国的马加爵杀人案的报道中,有这样一条新闻:

据新华社昆明2月24日电 云南省公安厅24日下午召开新闻发布会称,2月23日下午1时20分,昆明市公安局接报云南某大学学生公寓一宿舍发现一具男性遗体。经公安机关现场勘查,在该宿舍柜子内共发现4具被钝器击打致死的男性遗体。

这一案件引起了云南省委、省政府和各级公安部门的高度重视,迅速成立了"2·23"专案组,由省市公安机关主要领导任专案组组长、副组长,并抽调省市区三级公安机关刑侦、技侦等有关部门精干力量迅速开展工作。经专案民警连夜奋战,案侦工作已取得重大进展,相关工作正在紧张进行中。

据云南省公安厅副厅长兼新闻发言人先燕明介绍,23日13时20分,昆明市公安局接报,云南大学外国语学院鼎新校区学生公寓一栋317房间内发现一具男尸。经公安机关现场勘察,在该宿舍柜子内共发现4具被钝器击打致死的男性尸体。

据了解,4具男尸均为云南大学2000级生物系学生,他们于2月14日提前返校,为毕业后联系工作。返校不久后,4人与家人和学校失去联系。云南大学2月20日正式开学后,4人未报到。

23日,有学生在鼎新校区学生公寓闻到异味,打开一栋317房间,异味更浓,同时发现该宿舍一柜子往外流黄红色液体,学生随即叫来学校保安。保安撬开柜子,发现里面居然装了一具男尸。保安立即向警方报案。刑警赶到现场后,撬开另外3个柜子,发现每个柜子里都装有一具男尸。经查,这4具男尸正是云南大学失踪学生。

凶器疑为一把铁锤,一广西人(该学校2001级学生)有重大作案嫌疑。

在这一个几百字的新闻事件报道中,新闻报道主要的信息是记者从新闻发布会上获取的，因此，新闻发布会发言人就成为了新闻事件报道中的主要线索人，也就是记者的主要采访对象，他为媒体提供了关于该事件的事发状况、侦破进展等方面的信息。但是，记者要完善对该事件的报道，让新闻报道的信息来源不至于单一，记者还可以从马加爵的同学处了解其日常为人方面的情况、从学校老师处了解其学业及家庭的情况、从教育或心理学者处了解该事件发生的社会心理因素等情况、从从事有关刑事犯罪的律师处了解可能的审判情况，等等，这也就满足了新闻的全面、均衡的报道原则。通过这种全方位、多角度的采访，才可以让读者更为全面地了解马加爵杀人案发生的各方面动因，也能使这个事件从独立的刑事案件上升到对整个社会心理，尤其是对教育制度反思的高度，以期达到更好的社会效益。

再例如，在经济新闻报道中，发放国债是一个很常见的经济新闻事件。在对这个事件的采访过程中，记者除了要采访购买国债的市民、了解市民的购买动机外，还需要就国债发放的数量、类型、利率等情况采访银行的工作人员。而要将报道做得更为深入一些，记者还应当采访相关的金融专家，以了解发放国债的意义和社会影响等深层次的问题。

此外，对电视采访来说，在有可能的情况下，记者所选择采访的对象还应当具备较好的形象和语言表达能力，这是电视这种视觉与听觉相结合的媒体所带来的特殊要求。

总的来说，在新闻事件类的报道中，采访对象主要能起到当事人（参与者、目击者）、权威说法（专家解读）这两种类型的作用。选择正确的采访对象，能使整个新闻报道更为清晰、透彻地为读者所接受，达到较好的新闻传播目的。

二、时机的选择

采访的时机，主要是指记者对采访对象进行采访的时间安排。一般来说，记者在采访之前，需要与采访对象协商好采访的时间。而这个采访时间的安排，要以采访对象的时间要求为参考标准，尽量使记者自己的时间与采访对象的空余时间相吻合。

但是，在很多情况下，与采访对象沟通时间却不是容易的事情，而同时，很多的采访活动可能是临时决定下来的，使记者无法提前与采访对象达成沟通。尽管如此，采访时机的选择，还是应该坚持"不干涉、不打搅"的原则，这不单是对采访对象的尊重，也直接关系到采访活动的成效。

1. 不要在采访对象工作或学习的时间进行采访。工作和学习都是需要缜密思考或高强度体力的活动，记者在采访对象工作或学习的时候进行采访，可能会对采访对象的工作和学习效率造成影响，而这样的打搅不仅不礼貌，甚至可能造成采访对象的不悦与反感，让采访工作变得更为困难。

2. 记者的采访要尽量避开采访对象睡觉和吃饭的时间。而在未取得采访对象允许的情况下，也尽量不要在其休假时间和周末进行采访。除非紧急情况和特殊要求，在早上9点之前和晚上9点之后，也最好不要进行采访。

3. 不要在采访对象情绪不高或低落时进行采访。在采访对象情绪不高或低落时进行采访，采访对象要么只是敷衍了事，要么会完全拒绝配合记者的工作，记者也因此很难得到自己所需要和满意的素材。

4. 学会"见缝插针"地进行采访，尽力捕捉采访的时机。由于一些关键角色和人物的言论是新闻稿件不可缺失的部分，而由于一些新闻事件的突发性和紧急性，这些关键角色和人物可能正在处理有关情况，不便于停下手头的工作来接受记者的采访，因此，对于这些紧急发生的新闻事件来说，"见缝插针"的采访就变得非常必要了。而对于这种情况下的采访，记者需要谨记的是，自己所提的问题必须要简练、有力、切中要害，不可耽误采访对象的正常工作进程。在采访对象走路、乘车等情况下，记者可以择机进行访问。

三、场所的选择

在"人和"、"天时"得以实现的情况下,"地利"也就成为了某些情况下影响采访成效的一个重要因素。对于访问场所的选择,可以遵循以下几个规则:

首先,可以选择采访对象熟悉的环境进行访问,如采访对象的家里、其常去的咖啡馆或书吧、工作单位等地方。根据人们的普遍心理特征,人们在自己熟悉的地方,能够比较轻松、自然和随性,从而让采访对象的心情放松而不至于紧张。放松的心态有利于采访对象应对记者的提问,并且能够较好地打开采访对象的"话匣子",使记者获得更多的素材。

其次,在条件允许的情况下,可以选择能使采访对象触景生情的场所,如采访长期奋战在田间地头的农民,可以到他插秧耕作的田埂上采访,采访退休的老教师,可以去其曾经工作过的学校,采访曾上山下乡的知青,可以去其劳动学习的农村。这样的场所的选择,能重新勾起采访对象的记忆,将其记忆深处的一些往事与故事"诱导"出来,再加之记者恰如其分的提问,更能让采访工作事半功倍。

再次,尽量避免不必要的干扰,大街、酒吧、人流聚集的市场等,都不是理想的采访场合,在有噪音干扰的情况下,会使采访双方的心情受到影响,可能导致采访活动受到不同程度的打搅,不能保证采访的顺利进行。

最后,避免其他相关人物在场。采访对象的亲朋好友、同事或者竞争对手在场的话,会使采访对象分心,不能集中精力接受采访。同时,如果有其他人在场的话,采访对象在展现自己的观点和态度时,可能会有所顾忌,使采访显得畏首畏尾,无法敞开且自由地表达。比如采访对象的小孩在身边的话,采访对象可能会分神去照顾小孩。而中国文化里一直有"文人相轻"的说法,延展开来,即记者在采访作家时,最好不要有其他作家在场,在采访摄影师的时候,最好不要有其他摄影师在场,在采访官员时，最好不要有其他官员在场。

第三节　如何接近访问对象：研究对象的心理

前面我们已经讲到了选择一个合适的采访对象的重要性，而本节所要探讨的内容，则是建立在记者已经选择了合适的采访对象之上的。把握好采访对象的心理，是保证采访顺利进行的前提之一。通常说来，访问对象的心理一般包括了三种类型：引导型、配合型和反抗型。

1. 引导型

引导型的访问对象在遇到记者采访时，一般会表现出极其配合的态度，有急于向记者表达自己的观点、态度和所见所闻的思想倾向。这些访问对象要么是某个新闻事件的参与者、旁观者，要么对某个新闻事件或新闻人物有着自己的见解和了解，要么有着表现自己的欲望。在新闻事件的现场，他们见到记者到来，甚至会主动上前来搭话，提供他所了解的情况。而由于他们有着表达的欲望，一些记者尚未想到的问题和情况，也会在他们滔滔不绝的表达过程中给提供出来，使记者得到更多更有价值的线索。这类访问对象的性格通常都较为开朗，语言表达能力也较强，是记者在采访过程中可遇而不可求的。

但是，必须要提醒记者注意的是，在采访这类访问对象时，记者有可能被他们牵着鼻子走，在他们较为强势的语言引导之下，有些记者甚至会被他们"绕晕"，而忘记了自己采访的中心议题。因此，记者应当把握住自己话语的主动权，清晰地知道什么信息是自己需要的，什么信息是多余的、无意义的，适时客气地打断访问对象，让采访内容回归到自己控制的范围之内。

2. 配合型

与引导型的访问对象相比，配合型的访问对象就显得较为沉稳平和。当有记者来采访他时，他会将他所了解的情况一五一十地告诉记者，但所回答的内容，几乎都限定在记者所提问的范围之内，有一说一，不会做出过多的评价和解释。打个比方来进一步说明配合型访问对象与引导型访问对象的差别：当问到"你觉得目前大学毕业生是否存在就业难的情况"时，配合型访问对象会答"是"或"否"，而引导型访问对象在回答"是"或"否"之后，可能还会对他的回答进行补充解释甚至举例说明。

除了性格使然以外，配合型访问对象"不愿意多说"的态度，可能是源于对媒体抱有的一些防备和审视的情绪，以免出现"祸从口出"的情况。因此，在遇到配合型的访问对象时，记者应该尽量多准备一些问题，将整个新闻事件报道所需要的各方面材料考虑周全，以全方位的考虑来面对该访问对象，尽量从他的口中得到足够多的答案。再以提问"你觉得目前大学毕业生是否存在就业难的情况"为例，在配合型的访问对象回答"是"或"否"之后，记者还应当补充问道"在你看来，造成就业难/不难的原因是什么"、"有没有具体的例子来说明就业难/不难"等，将采访对象的思路打开，这样才能从这类访问对象那里得到更多的信息。而有时候，记者的补充问题还可能会激发起配合型访问对象的兴趣，或使他们放下对记者的戒备心理，让采访更为顺利。

不过，在采访这类访问对象时，记者还是应当格外注意自己所提问题的规范，问题不能具有诱导性，不能有先入为主的观点预设。例如在采访就业问题时，记者不能提出"现在大学毕业生就业很困难，是吧"之类的问题。这类的问题会对访问对象产生心理暗示和引导，所得到的答案自然也就不能完全体现新闻客观、均衡的报道原则。

3. 反抗型

在很长一段时期内，"防火防盗防记者"成为了街头巷议的一句戏言。一些记者由于缺乏专业素养，在采访过程或最后的新闻成稿中，对一些访问对象的身心造成了极大伤害，因此，一些市民对记者是抱着敌视、反抗的态度，而这类反抗型访问对象对媒体的态度是长期且稳定的。另一些反抗型的访问对象的产生，则是由于记者关注的事件对其来说比较重要和敏感，甚至可能伤害和威胁到其既得利益，如采访一个犯罪嫌疑人的作案动机，或采访一个涉嫌食品安全问题的公司时，他们的态度往往是不配合的。

记者在采访过程中遇到反抗型的访问对象时，如果他们是非必要的角色，最好选择更换采访对象，如车祸现场的目击者等。但如果该访问对象是必要的，也是完成新闻事件报道的关键性人物，那记者则应该说明自己采访的目的、报道的意义，解释自己的报道是建立在客观、公正的基础上的，不会对其造成人身伤害，让访问对象明白自己的重要意义和关键作用，尽量使其对记者放下戒备心理。在某些特殊的情况下，记者还可以承诺在完成稿件写作之后，将稿子给采访对象提前审读，按照其要求删减修改某些内容，或者在报道中略掉采访对象的名字、声音、影像等个人信息，以保障采访对象的合法权利。

第四节　营造和谐的采访氛围

营造和谐的采访氛围，能使采访活动变得卓有成效，为记者与访问对象之间搭建起融洽友好的交谈平台，在这样的气氛中，一些较为尖锐的问题甚至能够得到软化和缓和，达到出其不意的采访效果。例如，享誉世界的意大利女记者、作家奥琳埃娜·法拉奇在采访邓小平时，有这样一段对话：

奥琳埃娜·法拉奇（以下简称"奥"）：明天是您的生日，我首先祝贺您生日快乐！

邓小平（以下简称"邓"）：我的生日？明天是我的生日吗？

奥：是的，邓先生。我是从您的传记里得知的。

邓：好吧，如果您这样说，那就算是。我从来不知道我的生日是哪一天。而且，如果明天是我的生日，您也不应该祝贺我：那就意味着我已经76岁了。76岁的人已是江河日下了！

奥：邓先生，我父亲也76岁了。但是，如果我对他说76岁的人已是江河日下，他会扇我几记耳光的。

邓：他干得好！不过您不会这样对您父亲说的，对吗？

可以看出，法拉奇在采访邓小平之前，已经做了充分的准备，对邓小平的基本情况有清晰的了解。因此，她从能使邓小平放松的问题出发，准确地说出了邓小平的生日，使邓小平能够降低对记者的警惕，自如地应对法拉奇提出的问题，他们之间和谐友好的气氛也由此得到营造。

由此可见，营造和谐气氛的第一点，即是要寻找采访对象感兴趣的话题，这能消除采访对象的戒备心理，使采访对象觉得记者是来和他聊天的，而不是进行严肃的采访的。而真正好的采访，也应当如同拉家常一样，在平易随和的聊天过程中，得到记者所需要的内容。

第二，在采访过程中，寻找与采访对象的共同点也是非常重要的，这就是所谓的"物以类聚人以群分"。有一定的共同点，能使记者与采访对象达成一定的默契，让采访对象觉得记者是"自己人"。法拉奇在采访邓小平时，也是深谙这种规律，如在说到邓小平76岁时，也不忘提到自己的父亲也76岁了，这就让法拉奇在邓小平那里形成了一个"女儿"一般的形象，而不是咄咄逼人的记者。再如，记者在采访画家时，可以与其讨论绘画的问题，在采访市民时，可以与其讨论菜价之类的问题，等等，以唤起采访对象的兴趣，使其兴致盎然、轻轻松松地与记者聊天。而在这里，就提醒记者在采访之前，一定要将准备工作做足，而不是临时去询问采访对象的喜好。

第三，尖锐的问题放到最后。在法拉奇采访邓小平的例子中，法拉奇在"套近乎"之后，才开始涉及比较尖锐和深刻的问题，如天安门上的毛主席像、对"四人帮"和"文化大革命"的评价等。由于采访对象在采访开始时就对记者放松了警惕，在遇到这些尖锐的问题时，就算稍有怨意，也会在和谐气氛的"惯性"之下，与记者保持友好的交谈。

最后，在采访过程中，记者应记得保持微笑和亲切的谈吐，这是营造和维持和谐采访气氛的"催化剂"。

第五节 采访中观察等其他注意事项

　　新闻采访，是一个用对话和交谈来获取新闻信息和线索的过程。但是，线索的获取仅仅依靠对话和交谈却是远远不够的。《封神演义》第五十三回中有这样一句话，"为将之道：身临战场，务要眼观四处，耳听八方。"也就是说，要成为一名合格的将领，在战场中，不仅要用耳朵来倾听对话，还必须要学会用眼睛来观察周围事物，这样，才能对整个战争的局势有着整体、全面的掌握。而要成为一名合格的记者，也应当如同将领一样，学会通过眼睛的观察来获取周围的信息，达到巨细无遗把握事件全貌的目的。

　　例如，在《南方人物周刊》2010年第27期的文章《隐者李宁》中，有这样的一段话：

　　日前，张志勇和李宁站在了一起，他们正在为LI-NING新logo新口号的推广活动拍摄照片。张志勇显得有点拘谨，李宁捅了他一下，说："笑一下，自然点。"

　　摄影师很满意李宁的配合，接着告诉李宁作仰天大笑状。李宁嘀咕了两句"这不是我的风格"，然后笑了两下。

　　拍摄结束，他马上解下领带。尽管身边跟着一大堆人，但他仍显得对这里有点陌生——这里是李宁公司总部体育馆。身为董事长，李宁来这里的次数并不多。

　　坐在偌大的办公室里，他也显得有些拘束，好像和我们一样，都是这里的客人，他一年来不了这里几次。书架上空荡荡，中式办公室上没有台式电脑，只是几张照片提示着主人的身份：和老婆、儿子的合影，还有与佛教界的星云大师合影。

　　在这一段不到三百字的文字中，虽然没有记者与李宁之间的对话和交谈，但李宁的某些性格特点，已经从他一些不经意的举止行为中显现了出来，如"捅了他一下"、"嘀咕了两句……然后笑了两下"。这些细微的动作的描写，对于展现采访对象的个体特征和性格特点有着不可替代的作用，这是采访对象在与记者对话的过程中很难表现出来的。而更为重要的是，这样的细节描写又具有打动读者的力量，"真性情"的展现让采访对象也不再是"高大全"式的人物，他们更贴近生活，更贴近读者，也更贴近新闻真实。

动作和表情是采访对象性格特征的一方面体现，而对采访对象周围环境的描述，也能从一个侧面展现出采访对象的性格特点等信息，尤其是对办公室、家庭等采访对象日常所处环境的描写，更能体现采访对象在生活和工作中一些不为人知的状态。如栽种植物可以体现出主人喜好自然的性格，书架上书籍的类型可以展示主人的知识面和兴趣爱好，墙上的题词可以看出主人的意趣和志向，等等。而所有这些，都需要记者在采访过程中，认真细致地观察周围的事物，让采访活动在询问和倾听之上再多一层维度，使得记者在限定时间内能够采访到更多的信息。

除了观察以外，记者还应该具备聆听等方面的能力，再看《看天下》2011年第12期中的文章《舒淇：我对婚姻没有期望》的开头：

舒淇的包和手机放在床头柜上，隔老远听到自己的电话响，软软央人帮她拿来："我手机响啊！"

那是我听到舒淇讲的第一句话，化妆间一大堆熟人围着她，经纪人、发型师、化妆师、私人助理……在一片嗡嗡声里仍然能听到她清脆绵软略带台湾味的广东话。冯小刚说，他从没有在少于四个人的状态下和舒淇说过话。我的理解是，害羞和内向的人都有这毛病，总是希望身边围着熟悉的人好让她没那么害怕和困窘。

她对着斜风细雨的维港发呆的时候，或者不笑的时候，脸上总有一丝迷惘，这让人想起她微博上的一句话："我在寂寞的空间里，往无际的世界凝望着。"

在这不多的几段话中，记者除了观察以外，还注重"听"采访对象周围的一举一动，包括电话铃声这样的东西，都是洞悉采访对象内心世界的一扇窗户，让新闻报道更为生活化和真实。

而从这一段描写中，我们还可以知道，在采访之前，记者还应当对采访对象做好各方面的了解，如博客、微博这些个人化的空间，也是记者观察和了解的途径。

第六节 采访道德规范

新闻记者作为社会活动的一个主体，其工作必然受到社会基本道德的规范和限制，有着自身必须遵守的社会活动的一般性道德要求，但是，记者的活动又具有一定的特殊性。由于记者具有大众传播媒体这样一个话语平台，因此，记者的报道必然比普通大众的日常评论更具有权威性，也有着更为广泛的传播范围，会引起更激烈的讨论和震动。从某种程度来讲，记者自身也有着一定的教化功能，他们在接触大规模的社会人群时，担负着传递社会道德观念、传播先进思想等方面的作用。所以，对记者的采访工作，应该是有着绝对的约束和规范的。在新闻采访中，记者的采访道德规范主要包括了一般性道德要求和特殊性道德要求。

一、一般性道德要求

1. 遵守时间

我国著名的文学家、思想家、革命家鲁迅曾说过："浪费别人的时间等于图财害命，浪费自己的时间无异于慢性自杀。"遵守时间，不仅仅是个人良好修养的表现，在人际交往过程中，也是一种必要的礼貌，更是个人诚信问题最简单的指标。

不过，中国人的时间观念较之外国人来说是较为薄弱的，已故台湾作家柏杨就在其著作《丑陋的中国人》将不守时列为中国人的劣根性之一。暂且不论这种劣根性的由来为何，新闻记者在实际的采访工作中，必须将遵守时间作为自己的道德规范之一，这也是新闻采访工作顺利进行的保障。

首先，遵守时间是对采访对象的尊重。尤其是在对某个人物进行专访时，记者最好提前到达约定的采访地点。迟到可能会导致采访对象的反感，从而导致采访氛围的不融洽和采访的不顺利。

其次，遵守时间是保障采访顺利完成的基础。尤其是对于一些限定时间的采访来说，如果记者不遵守时间，一些重要的信息就有可能被错过和遗漏。而对于一些自身工作很忙的采访对象来说，采访对象自己的时间就很紧张，因此就更不可能等待一个姗姗来迟的记者，记者的迟到就可能导致采访机会的错过。

最后，遵守时间是记者是否诚信的标尺。通常来说，一个记者在媒体的工作岗位上不是只待一两天的，所跑的"口"上的人际关系和社会人脉需要很长时间的积累。一个总是迟到、不遵守时间的记者，会使他的"口"上的所有采访对象对其诚信问题画上一个问号，长时间下来，该记者在这个领域内的口碑就会受到影响，更严重的是会影响到其工作长期而持久地开展。

2. 尊重风俗和习惯

风俗是特定社会文化区域内人们的共同行为规范和模式。尊重他人的风俗，是中华民族传统美德之一。古代就有统治者认为"为政必先究风俗"，可见对其他民族风俗的尊重有多么重要的意义。回到新闻采访工作中，尊重风俗也是十分必要和重要的，尤其是在少数民族集中的地区，由于民族众多、风俗各异，对其他民族风俗的掌握和了解，就更具有现实意义了。例如，在采访藏族同胞时，热情好客的藏族同胞可能会给记者敬献酥油茶。按照藏族习俗，主人敬献酥油茶时，客人是不能拒绝的。藏胞也最忌讳别人用手抚摸佛像、经书、佛珠和护身符等圣物，认为这是触犯禁规的表现，会对人畜产生不利的影响。而在采访苗族家庭时，则不能坐到苗家祖先神位的地方，不能用脚踩火炕上三角架，也不能在屋子里吹口哨。

除了要尊重少数民族的一些特殊的风俗以外，在采访过程中，还应当尊重采访对象的一些个人生活习惯，如到别人家里采访要考虑是不是应当换拖鞋，预约采访时间时要考虑别人是否正在休息等等，这些都是要成为一名合格的记者所必须考虑的。

3. 使用敬语

在采访中，记者不可避免地会遇到各阶层的人，三教九流皆有可能。而采访是一个相互交流的过程，也是一个相互理解的过程，不管是对什么阶层的人，记者要实现良好的交流和理解，都应该坚持相互尊重的原则。而采访是一个以语言来实现沟通的活动，在交谈过程中，就必须要使用敬语，对对方表示尊重，从而得到别人的认可，这样才能使采访更为顺利和有效。

4. 不随意打断

在和他人交谈的过程中，打断别人讲话是非常不礼貌的行为。而对于像采访这样依靠语言来进行沟通的活动来说，这也是记者必须坚持的一个原则。但是，不随意打断别人说话，并不意味着记者要任凭采访对象主导采访局面，尤其是遇到引导型采访对象时，记者更应当保持警惕和清醒的头脑，在向采访对象提出恰当问题的同时，适时地引导其回归到记者真正所关注的问题上去。

二、特殊性道德要求

1. 保护新闻源

"水门事件"作为美国历史上最大的政治丑闻，直接导致了美国总统尼克松的下台，这是美国历史上首位因丑闻而中途下台的总统。不过，"水门事件"更为深刻的影响不仅于此，从新闻史的角度来看，"水门事件"也是整个世界新闻史的标志性事件，是"扒粪运动"的重要成果。而最先揭露"水门事件"丑闻的《华盛顿邮报》的记者鲍勃·伍德沃德和卡尔·伯恩斯坦，虽然因此而声名鹊起，但这两位记者却对提供"水门事件"内幕的"深喉"讳莫如深，不向任何人提起该人究竟是谁。"水门事件"发生的几十年来，"深喉"的真实身份一直是美国政治和新闻界最大的秘密，而伍德沃德和伯恩斯坦也坚持他们与"深喉"之间的保密协定：除非"深喉"去世或经他同意，才会将其身份公诸于众。2005年，《名利场》杂志的一篇报道揭开了这个谜团：美国联邦调查局前副局长马克·费尔特承认自己就是当年"水门事件"中的神秘线人。

虽然"水门事件"中"深喉"的身份水落石出了，但其中所体现出来的新闻记者的职业素养，仍值得所有记者在实际的工作中学习和借鉴，这就是对新闻源的保护。保护新闻源是记者职业道德很重要的一个环节，尤其对于那些敏感事件新闻线索的提供者，就更需要记者和新闻媒体的保护，否则在损害了线人的利益时，也会影响到公众对记者和新闻媒体的信任感，降低了记者和新闻媒体获得更多新闻线索的可能性。

在实际的操作中，记者保护新闻源的方式主要是靠隐去线人的真名，在新闻报道中使用化名，这种方式的操作是最为简单的，如《都市时报》2009年在监督性报道《昆明市房管局自查发现"内鬼"搭中介骗卖11套公房》中有这样一段话：

"我怎么这样倒霉！"自买了房子后，这句话李先生（化名）可能说了不下一千遍。看着手中货真价实的房产证、土地证，他甚至有点不相信自己的眼睛，这样的房子怎么会有问题呢？

这"倒霉"的故事还得从2007年说起。李先生是普洱市人，妻子是昭通人，和大部分年轻人一样，他们在昆明打拼几年，梦想有一个属于自己的小家，手头有点积蓄后，便开始筹备买房子。2007年1月，他们通过一家名为"昆明市强盛房地产经纪有限公司"的中介，在高新区科锦路中联花园看中一套房子。这套房子有56平方米，位置好、采光好，夫妻俩对这套房子十分满意。他们还得知，这套房子是公房，房主姓朱

(化名),当时还有几家人也争着买。李先生决定先下手为强,对16.5万元的要价几乎没有太计较,当天下午就签订了合同。

房屋产权变更过户办理得很顺利,中介几乎包办一切,公证、过户等手续很快办理完毕。当年2月13日,李先生领到了《房屋所有权证》,并支付中介费3300元。2008年2月20日,在五华区国土资源分局拿到了土地证后,李先生成为这套房子真正的主人。

为扩大生意,2008年4月,夫妻俩决定把这套房子卖出去。很快,他们和一户购房人达成意向,准备以18.3万元的价格成交。但在办理产权手续时,工作人员说这套房子不能交易,因为其产权已被冻结。

李先生怎么也弄不明白,当初买这套房子时并没有任何问题。接下来的时间,他来回奔波,终于抄到这样一份材料:"资料与实际资料有误,需要冻结该户产权交易手续。"原来,这套房子因为来历有问题,产权已被暂时冻结了。

李先生想问个究竟,但相关人员的答复却闪烁其词。后来,他隐约得知:公房销售中有工作人员充当了"内鬼",内外勾结,弄虚作假,偷逃税费。

在这样一个监督性报道中,由于涉及到相关人员的利益,因此在报道中为新闻源保密,就显得尤为重要了。

除了隐去线人真实姓名之外,保护新闻源的方式还包括:在有采访对象面部形象的照片上打马赛克,对采访对象的影像资料进行面部处理和声音处理,等等。保护线人不仅能保障新闻线人的人身安全,这也是新闻媒体公信力和新闻媒体社会责任感的一种体现和保证。

2. 审读新闻稿

记者完成了采访工作之后,采访对象对新闻稿件最后的成型不是很清楚,加之有些缺乏新闻素养的记者,在最后的写作过程中,会对采访对象所说的话采取断章取义、篡改本意的处理方法,这样的成稿在发表之后,会对采访对象造成一定程度的伤害。因此,根据相应的情况,记者在完成采访之后，要询问采访对象是否需要审读稿件，尤其是对政府会议、商业合作等重大性和关键性的报道，记者就更应当注意询问相关的宣传人员，保证稿件不会出现重大的错误，不会对社会公众造成误导和影响。

第十一章
追踪采访

第十一章 追踪采访

上世纪 80 年代，有报纸公开揭露"喝"公家汽油的"油耗子"的事件。新闻刊登之后，就有许多读者发出疑问：那些坑害国家、集体和农民利益的"油耗子"所"喝"下的油到底从哪里"漏"出去的？而"漏"油的原因又是什么呢？为了解决这些疑问，新华社记者在公安人员的协助下，深入到沈阳市三个加油站现场进行跟踪暗访。记者在加油站观察到一些司机和油贩子互相勾结，倒卖大批油券的情况，记者又顺藤摸瓜，追踪调查了购买油券的单位，结果发现这些"漏油"的企业事业单位的惊人内幕。而这些追踪的内容，最终形成了报道《"油耗子"追踪记》，刊登在 1987 年 5 月 5 日的《人民日报》上，引起了巨大的社会反响。

《"油耗子"追踪记》是我国较早的一篇有关追踪采访的例子。使用追踪采访所写出来的新闻报道，由于经过记者现场观察、体验和实地调查了解，一般都具有现场感，且有一定的思想深度。同时，由于记者对事件有着较为深入的了解，因此，记者对该事件能够有较为深入和中肯的见解。由此可见，追踪采访有着其独有的优势，因此也是记者在实际工作中必须要掌握的一种采访方法。

第一节 追踪采访概说

一、追踪采访的概念

在很多情况下，一些新闻事件从发生到结束，所持续的时间可能不止一两天，它有着一个或长或短的时间段，并且在这个时间段中不断地发展变化，这就要求记者的报道，应该是从事件发生之时起，直到事件完全落下帷幕为止。但事实上，很多大事件都可能产生一个长期而持久的影响，不是一两天，甚至不是一两个月、一两年能够完结的。例如2008年汶川地震之后，对于汶川地震的关注和持续报道在这几年都一直没有结束，对遭遇地震的人群后来的生活状况、汶川县城新建等等情况的报道，还是不断地见诸报端，而这也正是追踪采访的特质。所谓追踪采访，是指在某个新闻事件发生之后，记者继续关注该事件的发展状况，并持续地将事情的最新进展告知社会公众的采访。

二、追踪采访的特点

追踪采访属于深度报道的一种类型，是一种深层次的访问，能够对于新闻事件进行十分深刻的剖析。而正是由于这种深刻的剖析，有利于一些事件的问题的解决，有利于推动相关政策法规的建立和规范，有利于在读者心中留下良好的媒体形象。同时，追踪采访是以新闻事件发展的时间顺序来进行新闻报道的，因此，记者在进行报道时，其实并不知道事情会往什么方向发展，也不知道事情最后会发展成什么情况，在这种情况下，记者与受众一样，都是扮演探知者和探索者的角色。因此，追踪采访满足了人们的好奇心理和探求欲望，制造了一定的悬念，具有相当显著的新闻价值，从而能对读者产生较大的吸引力。与此同时，很多追踪采访在报道的过程中，媒体会设置记者与受众相互沟通互动的环节，让受众参与到新闻报道中来，回答读者提出的疑问，以更好地吸引受众的注意，调动其积极性和参与性。因此，追踪采访的主要特点包括以下几点：

第一，采访具有连续性。这是追踪采访最显著的特点之一，这即是说，记者的采访不是在一两天之内能够完成的，而是需要记者长时间地追踪及了解新闻事件的各方面情况，从而保证整个报道的连贯性和整体性。

第二，采访具有一定的深度。由于追踪采访要求记者长时间地了解新闻事件的发生发展情况，因此记者在采访时，需要深入挖掘事件背后的背景故事、了解事件发生的细节，而不是泛泛地报道事件的时间、地点、人物、事件等情况，因此，追踪报道的采访必须也必然具有一定的深度。

第三，采访需要记者具备较高的素质。这里所涉及的素质不仅包括记者的日常新闻工作中的专业素质，也包括较好的心理素质和生理素质。追踪采访需要记者长期深入的跟踪了解，记者就应当具备良好的心理素质和生理素质，以应对长时间和高强度的采访需求，保证采访的顺利进行。

但与此同时，追踪采访也有其固有的缺点。首先，由于追踪采访的新闻事件结果是未知的，因此，事情发展到最后，可能与记者的写作的基调预设和读者的心理预期有所出入甚至是相违背，将导致新闻报道产生前后基调态度不一致的情况，使报道显得较为破碎，也破坏了新闻报道的完整性。其次，从开始进行追踪采访起，这个报道便不能半途而废，但是，如果新闻报道的故事不够吸引读者，则会造成新闻媒体版面和时段的资源浪费及人力资源浪费，而更为严重的是，这样长期的报道可能会导致媒体的读者流失。再次，追踪采访也是对记者的考验，如果记者的心理素质和生理素质达不到完成采访所需要的标准，可能导致采访半途而废，使得报道不了了之，从而也会破坏新闻媒体的公信力。最后，追踪采访需要有固定一名或几名记者参与，中途不能临时换人。一个固定的记者，从新闻事件发生之时起便对该新闻事件进行跟踪采访，会对事件有整体而全面的了解，也会建立起与该事件相关的人脉关系和有关资源，而临时换人的话，新加入的记者还需要重新了解事件的发展过程，而需要重新去建立人脉关系，因此可能耽搁新闻报道的进程，造成不必要的资源浪费。

三、追踪采访的类型

追踪采访主要分为事件性追踪采访和人物性追踪采访两种类型。事件性追踪采访是指报道是以新闻事件为主,是以一个长时间持续发展变化的事件为追踪的对象,通过记者的追踪了解,从而揭示整个新闻的开头、经过、高潮、结果等叙述性的事件过程。而人物性追踪采访是以新闻人物为主,是以一个长时间持续的人物行为为追踪的对象,通过记者的追踪了解,揭示该新闻人物在一个长时间动态的社会情境下所呈现出来的行为、心理等方面的变化和发展。

其实,除了事件性追踪采访和人物性追踪采访之外,还存在着其他一些类型的追踪采访,如追踪一个新事物的发展情况、追踪一项新技术的推广情况、追踪一个社会问题的解决情况等等,这些都可以划归到追踪采访的范畴内。而在实际的新闻实践中也可以清楚地看到,追踪采访可能不是单一的某种类型的运用,它是众多追踪类型的结合。但不管是采用什么类型,追踪采访最基本的要求就是,记者一定要将新闻解释清楚,使受众清楚地了解其中变化和发展的典型特征,并有效地吸引受众的关注,引起受众的兴趣。

四、追踪采访的现状

从目前整个新闻市场来说,追踪采访呈现式微的趋势,这其中的主要原因包括:

首先,媒体之间的激烈竞争,导致新闻媒体报道多追求"快餐式"的报道方式,尤其是网络媒体,往往是以短小、快捷的报道来赢得时效性和关注度,从而从众多的媒体中脱颖而出,获得更多受众的关注。

其次,追踪采访报道的成本往往比普通新闻的成本高,比如北京的媒体如果要继续报道汶川地震的信息,就需要安排记者前往汶川,而时间成本、金钱成本等都应该纳入到考虑中。很多媒体会在权衡之后,如果认为跟踪采访报道所能达到的社会效益和经济效益无法与采访投入达到平衡,则会放弃跟踪采访。

再次,在前面已经讲过,追踪采访对于记者的体力、精力、耐力等都有着较高的要求,而很多记者也可能因为自己这些方面无法达到采访要求而选择放弃。

最后,从受众心理来讲,在目前信息资讯无限丰富的时代,受众很容易被新的新闻焦点转移注意力,而不会长时间集中精力在对同一件新闻事件的报道上。因此,很多媒体为了保证信息能够随时更新,保证版面和时段的节省,也保证受众的信息需求,从而不愿意介入到追踪采访中。

第二节 如何进行追踪采访

虽然追踪采访在目前的新闻市场上呈现出式微的趋势,但是追踪采访所具有的吸引读者、有利于事件的深入探索和解决等独特的优点是有目共睹的,这也是追踪采访仍然在媒体中有所应用的原因。对于追踪采访取得了一定成果的记者,很多媒体会对其进行表彰,这在一定程度上可以激发记者进行追踪采访。同时,对于具有一定影响力的大事件,追踪采访做得好坏与否,又成为衡量一个媒体新闻报道能力的一个重要标准,同时这也是在新闻报道同质化的情况下赢得市场的一个重要途径。那么,记者应当如何进行追踪采访呢?

首先,记者应当紧紧抓住读者感兴趣的问题。2009年10月31日,云南省昆明市北京路发生了劫持人质事件,11月1日的《都市时报》报道了题为《一男子深夜劫持人质对峙警方 截至今天凌晨2点事态仍未平息 警方已调集狙击手》的新闻:

昨晚10点40分左右,一名男子在北京路荣军鼓楼医院附近一自助银行里,持刀劫持了一名女孩,并与赶来的大批民警对峙。

昨晚11点20分,自助银行外面,警察拉起了方圆上百平米的警戒线,北京路与鼓楼路交叉口,数辆警车停在非机动车道上,自行车、电单车全被禁止通行。在警戒线外的人行道、公交站台上围观的市民,被警方要求往后移动；在街对面的人行道，也早已被挤得水泄不通。

"可能是抢劫不成才劫持。"街对面的一位目击者说。事件发生在晚上10点40分左右，女孩好像还有个同伴，当时准备在银行取钱，但还没出来就被男子劫持了。随后就看到大批警察和保安来到现场，封锁了门口。

隔着街，远远可以望见，该男子身高约1.8米，穿一件灰色西装，另一只手紧勒着女孩的下巴，一只手用刀抵着女孩的脖子，时而挥动着刀，称自己是东川人。

一名警察隔着银行的玻璃门与男子谈判，但僵持了很久，男子丝毫没有妥协的意思。昨晚11点43分左右，警察拿出一瓶矿泉水准备递给这名男子，但男子表示拒绝，并要求在他的视线范围内不要看到围观群众。

今天凌晨0点02分，这名男子情绪依旧激动，不断用刀子指向外面。警察再次疏散外面围观的人群，就连街对面也不许站人。

0点30分，男子依旧没有放下手中的刀，他用另一只手紧紧卡住女孩的脖子，隔着玻璃门，与警方的谈判专家交谈，此时双方已经僵持了近两个小时。

至今天凌晨2点记者发稿时，该男子依旧在和警察僵持着。据了解，警方已经组织狙击手待命，如果谈判不成，可能会采取强力手段解救人质。

由于报社截稿时间的限制，这个新闻事件最终的结果还是没有在当天的报纸上展现给读者。但是对于读者来说，人质是否得到解救是大家更为关心的，追踪报道就应该紧紧抓住读者感兴趣的这一问题，并以后续的追踪报道来吸引读者的继续关注。因此，在11月2日的《都市时报》上，记者将劫持人质的全过程以时间顺序来进行了呈现，使读者能够清晰地看到整个事件的发展过程，看到警方和犯罪嫌疑人之间是如何周旋与斗智斗勇的。这样的新闻报道，不仅仅具备现场感，也能紧紧抓住读者关注的焦点问题，使得报道更有可读性。

……

10月31日 23:50 "你先喝，喝完了再放进来！"男子挥舞着刀，开始跟门外的民警要水喝。民警递过矿泉水，他又要求民警先喝。确定民警喝过的水没有问题后，他伸手迅速从玻璃门下取走矿泉水，并拧开盖子喝了两口。整个过程中，他一点没有放松对女孩的控制。

11月1日 0:02 面对门外的谈判专家，男子情绪依旧激动，不断用刀指向外面，并死死地勒住女孩的脖子。谈判陷入僵局。

0:15 全副武装的云豹突击队员出现在现场，谈判依然在继续。

玻璃门内，男子的情绪稳定了一些，一直勒紧女孩脖子的手放松了些，拿在右手上的刀子也收了回去。透过玻璃门，外面的人隐约能看到被劫持的女孩神情有些疲惫，不停地用手抹眼睛。门外，狙击手开始寻找最佳射击位置。

1:00 警方的谈判专家不断换人，一名女警走上前，要求替换人质，被男子拒绝。此时，男子情绪又开始激动。这时，最早跟他作交流的谈判专家再次上前，给了他一支香烟。男子表情似乎很痛苦，开始与被他劫持的女子说话。

1:30 男子从地上拿起一个公文包，找出纸和笔写字，然后递出玻璃门外，又要了一支香烟。此时他与民警已经对峙了3个小时，显出疲态。他拖着女孩蹲在自助银行的取款机前面，自顾自地抽着香烟。

1:40 男子突然提出"要一辆车"，还要求派个女司机开车。几分钟之后，一名女警出现在银行门口与他交涉，但是男子始终没有出门。此时，警方开始逐步控制现场附近的交通，但是没有封锁这一路段。

3:00 一名长发男子出现在现场，看上去他可能是劫持者的朋友。不料，长发男子的出现令劫持者的情绪激动起来，本来蹲在地上的他一下子站了起来，再次用手勒紧女孩的脖子，还拿刀子指向外面，与长发男子和谈判专家说着什么，并挟持女孩一步一步挪到了玻璃门前。

这时，云豹突击队员就埋伏在自助银行玻璃门外，距离10米左右。靠近玻璃门时，男子似乎察觉到什么，挟持着女孩又退到自助银行最里面。

4:13　谈判依然毫无进展。被挟持的女孩明显已经体力不支，蹲在了地上，看上去正在呕吐。劫持她的男子也跟着蹲了下来，不停地用手拍打女孩的背部。

4:20　民警给劫持者送来盒饭，男子再度站起来，用刀架在女孩的脖子上，开始在银行内来回走动，最后退到自动柜员机前，两人蹲坐在地上。谈判专家再度上前，男子似乎又提出了新的条件，但始终不肯出来拿饭盒。

4:56　一辆黑色福特轿车从附近的鼓楼医院大门里驶了出来。车倒上人行道，停在银行玻璃门外几米远处，没熄火。先前与他交涉过的那名女警从驾驶位置下来。"出来了嘛，出来了嘛！"女警隔着玻璃门喊男子出来。

这时，北京路上开始实行临时断交，所有车辆和行人都不准经过该路段，全副武装的突击队员们一触即发，连停在门口的一辆救护车上也有民警布控。现场附近的围观群众都屏住呼吸，注意着男子的一举一动。

只见男子用刀顶着女孩的脖子，一步一步靠近玻璃门。他先要求女警打开汽车后备箱查看，又要求打开轿车后门。

5:01　"退后，退后，把上衣脱下来！"男子害怕女警带有武器，再次提出了要求。"坐在车上！"确定女警对他没有威胁时，男子用刀挟持女孩，缓缓打开了玻璃门，并开始向轿车挪动。

5:05　"车上怎么有人？"男子警觉起来。虽然女警说车上的是医生，但男子始终不肯上车，而且一直催促女警"上车"。车门开了又关，关了又开，由于男子始终用一只手勒住女孩的脖子，另一只手持刀，出于人质安全的考虑，狙击手一直没有采取行动。

5:13　男子再次催促女警上车，自己却拖着女孩一步一步后退

第十一章 追踪采访

5:16 男子挟持女孩又进了自助银行，关上玻璃门，开始了新一轮的对峙。

此时，天色已经蒙蒙亮，街上有了清洁工人的身影。谈判专家与民警再次碰头，协商解救方案。

空中突然飘起了毛毛细雨，还刮起了大风，温度骤降。围观者们不停地打哈欠，揉眼睛，有的已准备离去。外面的民警也分散开来，两名谈判专家再次上前与男子交谈，不断分散他的注意力。

男子始终将人质挡在胸前，警方一直在努力，每隔数分钟，就会派人上前谈话。

6:00 第一班公交车驶进医院前的站台，卖早点的小商贩出现在大街上，一位赶早去上香的老太太越过马路中间的隔离栏，朝公交站台奔去。

6:35 医院附近响起了一段动听的音乐，街上的行人越来越多，紧张的气氛开始逐渐缓和。此时，男子松开了勒在女孩脖子上的手，女孩开始慢慢向玻璃门移动。

1米……2米……当女孩离男子距离越来越远时，玻璃门突然被打开，早已做好准备的突击队员一拥而入，成功救出被劫持的女孩。很快，持刀男子也被制服，带到先前为他准备的那辆黑色福特轿车上。

6:42 警方从现场带走了该男子，邻近道路的交通管制也随之解除，只是案发的自助银行现场仍被警方封锁。

同时，如果媒体建立了与受众的沟通机制，则要根据受众的反馈来进行一些报道上的调整，关注受众所关心的问题，将受众的疑问尽快地进行解答，这正是记者需要报道的方向。

其次，应当抓住事件的线索性节点。在昆明北京路劫持人质事件中，读者在关注人质是否最终得到解救的同时，还会关心劫持人质发生的原因，也就是关注引发整个事件产生的因素，这就是事件的线索性节点，也是对该事件进行继续报道的一个线索性节点。

昨天上午9点15分，昆明市公安局新闻发言人办公室召开新闻通报会，就10月31日昆明市北京路穿心鼓楼中信银行自助银行内发生的劫持人质案件进行通报。昆明市公安局新闻发言人办公室主任姚志宏、昆明市公安局盘龙公安分局副局长张建明出席新闻通报会。

张建明介绍：10月31日22时30分许，昆明市北京路穿心鼓楼中信银行自助银行内发生一起劫持人质案件。盘龙分局鼓楼派出所巡逻民警发现后，及时上报分局、市局。市、区两级公安机关领导立即率相关部门和警力赴现场进行处置。

经现场了解和谈判得知：案发当时，杨丽凤（女，23岁，大理人）和张春霞（女，21岁，大理人）行经案发地点时，杨丽凤被一男子持刀挟持进中信银行自助银行内。嫌疑人自称伍文奎，男，32岁，东川区人，在昆打工。因工头刘某欠其工钱，遂想通过制造事端和影响来达到索要工钱的目的。

在警方到达现场和谈判处警过程中，未发现被劫持者受伤，当事的两人都情绪稳定。至11月1日早晨6点35分，警方经过艰苦的谈判，为营救人质创造了有利时机，最终使劫持人质案件得到成功处置，嫌疑人被当场制服，人质被安全解救。

姚志宏表示，目前，相关的案件调查处理工作正在进一步开展。警方将在案件情况调查清楚后，及时向社会通报。

在该报道中，记者通过新闻通报会了解到了警方所掌握的最新调查情况，也说明了嫌疑犯和被劫持者的一些个人信息以及嫌疑犯为什么要劫持人质等线索性的因素。而这些线索性因素的公布，也为追踪采访的再继续报道提供了条件，如嫌疑犯的工钱是否能够由此而得到妥善解决、嫌疑犯最后会受到怎样的法律制裁等等。

再次，仔细观察事情的变化。追踪报道除了报道一些正在发生的新闻事件以外，还会追踪报道一些新鲜事物的变化状况。从这些细微的变化中，能够看出事情发展的情况，这也是一个量变到质变的过程。例如《春城晚报》上关于昆明地铁建设的新闻，有如下一些进展情况报道的题目：

......

2010年8月13日《昆明地铁3号线投入6台盾构机　建设难度巨大》

2010年10月25日《昆明地铁展览中心站进站顺利　火车站施工难度较大》

2010年11月3日《昆明主城区首台地铁盾构机就位预计本月底开挖》

2011年2月18日《昆明地铁3号线下月开工》

2011年4月8日《昆明地铁圆通街站发现157个溶洞　最深26米》

2011年4月22日《地铁巫家坝站进入主体施工　盾构机7月可以下地挖洞》

2011年5月19日《地铁1号线　下庄村站盾构双向贯通》

......

这些事情的变化并不是一蹴而就的,而是一个量变到质变的过程,记者持续不断的报道,能够让读者在追踪采访报道中对事件有一个动态的、更为生动的了解和认识。

最后,追踪报道应该有一定的主线。有学者认为,追踪采访所呈现出来的新闻报道,应该有如章回故事一样,每一个章节都有精彩的故事发生,每一章节所关注的内容有着一定的差异,让受众能够在不同的章节中看出不同的意趣。如《水浒传》中的第四回《小霸王醉入销金帐　花和尚大闹桃花村》、第五回《九纹龙剪径赤松林　鲁智深火烧瓦罐寺》、第六回《花和尚倒拔垂杨柳　豹子头误入白虎堂》、第七回《林教头刺配沧州道　鲁智深大闹野猪林》等,都是讲述的不同人物的不同故事,但是即便如此,《水浒传》还是遵循了一个核心的故事主线,即108位梁山好汉聚义,打家劫舍,杀富济贫的豪举,从而鲜明地表现了"官逼民反"的主题。而追踪报道也应当如此,每个单篇的报道都有着新鲜的内容,可以独立成章,但还是应当有着一个关键性的锁扣,这个锁扣连接着每一环节的故事,即是故事的核心,而不能今天的报道与明天的报道虽然讲的是同一个事情，但基调和侧重点完全不同，如今天要对某人的英雄事迹进行表扬和推广，而明天就开始揭露这个人的丑行和恶习。这样的追踪报道就会显得散乱、无序，让读者不知所云，也不能从中抓住记者的观点，不能透彻清晰地了解整个新闻事件，破坏了新闻事件的价值。

第三节　追踪采访的其他注意事项

追踪采访以长期性和深入性为主要特点，因此，记者在进行追踪采访时，还是有一些特别需要注意的事项，而其中最重要的是，记者必须要学会保护自身安全，尤其是针对有一定危险性的采访来说。如记者需要深入到犯罪分子之中去或进入到一些环境恶劣的地域等等，这时候记者一定要善于保护好自己，在遇到危险时，要以自己的安全为主。

此外，记者还应当认识到，追踪采访是报道未完成的新闻事件，因而在追踪一些重大的犯罪事件时，记者的报道有可能向犯罪分子提供情报，尤其是关于公安侦破案件的部署安排等信息，这些信息报道出来就有可能破坏公安的行动。因此，在报道这类事件时，记者应该及时与相关职能部门沟通，特别注意应该进行报道审读，不要泄露公安方面的重要信息。与此同时，为了公共利益考虑，对于一些不适宜进行追踪采访的刑事犯罪事件，记者应当权衡利弊得失，而不能因为其具有新闻价值就不顾后果地进行报道。

第十二章
新闻发布会的采访

第十二章 新闻发布会的采访

第一节 新闻发布会的简介

一、新闻发布会简介

新闻发布会和新闻发言人制度息息相关，而新闻发言人制度兴起于美国。早在20世纪50年代，美国白宫就设立了新闻办公室和发言人。而我国的新闻发言人制度是在上世纪80年代才建立起来的。1983年3月1日，外交部新闻司司长齐怀远担任了外交部第一任发言人，同年4月23日，中国记协首次向国内外记者介绍了国务院各部委的新闻发言人，这个事件宣布了我国新闻发言人制度的建立。不过，新闻发言人制度的完善还需要长时间的积累。2007年4月我国颁布的《政府信息公开条例》（2008年5月1日开始实施）和2008年的汶川大地震，都成为了我国新闻发言人制度发展完善的里程碑式事件，促进了各级政府新闻发布制度的建立和完善。尤其是在汶川大地震期间，四川省政府组织了三十几场新闻发布会，及时有效地将地震灾害和救援的信息传达给了新闻媒体，从而引起更大范围内社会和人们的关注。新闻发布会又称记者招待会，是社会组织或个人根据一定的需要，邀请有关的报社、电视台、电台、网络等媒体单位参与，并向新闻界发布一定信息的活动，是组织或个人联系新闻界的重要方式，也是一种有效的公关活动。

不过，新闻发布会和记者招待会虽然在组织流程上大致相同，但其中也有一些微妙的差别。新闻发布会是以社会组织或个人为主要的"新闻源"，他们主动地向记者说明情况、提供信息。记者在新闻发布会上，主要充当的是旁听者的角色，如果没有主办方的安排，是不能够提问的。而在记者招待会上，主要是由记者针对某个问题向主办方发问，主办方所回答的答案是记者获取的主要新闻线索和信息，因此，记者在记者招待会上，会拥有更大的空间和自由，也更能够结合自己的需要来进行采访。但按目前的情况来看，新闻发布会和记者招待会几乎都合二为一了，流程也基本上是首先由主办方向媒体介绍某个事件或问题的情况，再由记者针对主办方介绍的情况向主办方发问，以达到相互沟通、深入了解的目的。不过，由于目前新闻发布会的审批程序比较复杂，因此，新闻发布会也常常被冠以"信息发布会"、"媒体沟通会"、"记者见面会"等名字来组织操作，但不管名字如何，他们的性质都是大同小异的，对记者也有着类似的采访要求。

二、新闻发布会特点

第一，新闻发布会是社会组织或个人传达一定信息给新闻媒体的活动，因此，必然要将所有媒体集中在固定的场合里来进行信息的传达，这就决定了新闻发布会具有空间限定性的特点。这也就是说，记者的采访工作必须是在既有的场合中进行，脱离了这个场合，就不能够直接了解到该组织或个人所提供的信息。

第二，新闻发布会的时间也是有严格规定的，多则几个小时，少则十几分钟，主办方所有需要告知新闻媒体的内容及记者所有需要向主办方了解的信息，都只能在这个限定的时间内完成。这就为记者在短时间内迅速而有效地获取足够多的信息，提出了很高的要求。

第三，由于新闻发布会是在限定的时间和地点内完成的，因此不同媒体的记者在相同的时间和地点内得到的信息资源是相同的，这就是说，新闻发布会上的资源是所有媒体记者共享的。

第四，新闻发布会采访流程有着严格的限制。如前所说，新闻发布会一般是由主办方首先向新闻媒体通报相关的信息，然后再由记者针对主办方所提供的信息向主办方提问。这些新闻发布会流程的规定，也就是对记者采访的限制，记者只能在主办方规定的程序范围内进行信息的收集。

第五，新闻发布会的采访对象具有一定的特殊性。采访对象是组织或者个人，而他们所代表的一般是政府和商业机构等组织，这些组织派遣发言人出来面对新闻媒体，而这些新闻发言人也仅仅只是代表这些组织和机构出来说话，所表达的观点非个人性质的。再则，采访对象往往不是其所通报的新闻事件的直接参与者，如在汶川地震中政府召开新闻发布会，而政府的新闻发言人并不是汶川地震的参与者。当然，也有采访对象是所通报的新闻事件的参与者，如某个公司也会在宣布新商品上市或进行危机公关时召开记者招待会。

第二节　新闻发布会采访要求

如上所述，新闻发布会的主要特点包括了采访时间、采访地点、采访流程等方面的限制，也有着采访对象的特殊性。因而记者在采访新闻发布会时，主要应该注意如下几点采访要求：

1. 事先做好充分的准备，功夫在会外

在新闻发布会中，时间有着严格的限制，对记者的要求也很高。在采访新闻发布会之前，记者应当提前了解该新闻发布会可能发布的新闻事件，对该事件有清晰的认识和理解，明白新闻发布会主办方的立场，从而通过自身的判断，罗列出自己所需要采访了解的问题并清楚地记录下来。所有这些，都是记者在采访新闻发布会开始之前所要做好的工作。凡事预则立不预则废，只有事先做好准备，才能够更好地完成自己的新闻采访任务。

在事先准备采访提纲时，记者所设置的问题应该注意以下几个方面：
第一，问题必须短小精干，避免过多的铺陈和描述。新闻发布会一般都是有时间限制的,因此记者在提问时,最好控制问题的字数,在简单的一两句话中,就能清晰明白地表达自己问题的核心观点。有学者在批评记者的专业问题时就曾说过,一些记者在提出自己的核心问题之前,差不多要从鸦片战争开始讲起。这样的"掉书袋"不仅会让采访对象听得云里雾里,而且会招致采访对象和其他记者的反感。同时,记者所提出的问题,也应当没有歧义和陷阱,以免发言人误解记者的意思,造成更大的误会,也造成记者没办法采集到自己所需要的信息。

第二,一次只问一个问题,问题应当切中要害。多数情况下,新闻发布会没有限制记者提问的问题数量,但是有的记者在得到提问机会后,会连珠炮地扔出好几个问题。当记者说完最后一个问题时,新闻发言人可能已经忘记了前面几个问题是什么,记者这时又只得重复先前说过的问题。这不仅耽搁了所有媒体采访的时间,而且也是记者专业素养不强的表现,会给新闻发言人留下不好的印象。而一个专业合格的记者,应当是只提出一个核心的问题,而该问题正好是大家最为关心的、最能切中核心要害的。应该提醒的是,在一些新闻发布会上,主办方会要求每个记者只能提一个问题,这就是对记者个人能力和职业素养的考验。

2. 遵守采访纪律

新闻发布会有着不同的级别,大到国家政府,小到私人企业,而正是由于级别的差异,不同的新闻发布会也有不同的限制,而记者的采访活动也应当在这种限制之中进行,不能擅自违反采访纪律,否则将会给主办方和自身造成不便。

在高规格的采访活动中,有时会对在新闻发布会上提问的媒体有所限制,如规定只有国家级媒体才能提问。在这种情况下,可以提问题的媒体记者应当按照主办方安排的顺序依次提问,而不能参与提问的媒体记者则必须遵守纪律,不擅自提问,不打断其他媒体记者的提问,从别人的问题中尽量收集自己所需要的信息。

3. 抓住各种机会，把握采访时机

记者要想在新闻发布会上获得自己想要的信息，就需要取得单独提问主办方的机会。新闻发布会由于时间的限制，而参与新闻发布会的媒体记者众多，除非主办方有特别安排，否则想得到这个提问的机会并非易事。因此，记者想在众人之间脱颖而出，就需要有"抢"的精神，如在入场时，坐在主持人容易看见的位置，在自由问答的环节，主动要求提问，等等。抓住各种提问的机会，能使记者取得自己想要的新闻信息，了解自己想了解的问题的答案，从而组织自己需要的稿件。

4. 注意倾听，从他人的只言片语中获取更多的信息

新闻发布会中提供的信息是极其有限的，而每个记者所获得的信息都是相同的，而且不是每个记者都能向发言人提问，因此，在新闻发布会中，记者应该注意倾听发言人和其他记者的发言，从他们所提供的有限的表述中得到有效的、更多的信息。学会倾听，是记者采访工作中必备的技能之一。

第十三章
灾难性事件采访

第十三章 灾难性事件采访

灾难，是人类文明发展的主要阻碍之一，人类自古以来就是在与各种灾难的抗争中不断进步与发展的。而天灾人祸，也在人类历史上频频降临，导致生灵涂炭、民不聊生，给人类的政治、经济、文化均造成了严重的破坏。

在天灾上，火山喷发、地震、海啸，都是造成大范围破坏的典型灾难。如公元79年8月24日的维苏威火山喷发，使古罗马帝国最繁华的城市庞贝在18个小时后被火山灰彻底掩埋，这座城市至此从地球上消失。而我们更为熟悉的近年来发生的自然灾害，就有如造成15.6万人死亡的印度洋海啸、造成近7万人死亡的汶川地震、造成一万三千余人死亡的日本大地震，等等。

在人祸方面，最典型而集中的表现就是战争。据有关学者统计，从公元前3200年到公元1964年这5164年期间，世界上共发生战争14513次，只有329年全世界是在和平中度过的。而在第二次世界大战后的37年里，没有任何战争的日子只有26天。1914年8月爆发的第一次世界大战，导致15亿人卷入战争，造成约1669万人死亡。时隔25年，第二次世界大战又于1939年9月爆发，这次战争使得20亿以上的人口卷入其中，造成了约5500万到6000万人死和4万多亿美元的财富损失，是人类历史上破坏性最大的人为灾难。而在此之后，战争可能带来的巨大人员损失和财富损失并没有停止人们的欲望，朝鲜战争、越南战争、中印战争、美阿马岛之战、两伊战争、科威特战争、科索沃战争、海湾战争、波黑战争、阿富汗战争、伊拉克战争等等，都使人们对和平的期望变得越来越渺茫，却又越来越强烈，而诸如9·11恐怖袭击事件等其他的重大人为灾难，也对人类历史发展的进程产生了深远的影响。

作为"船头瞭望者"的新闻记者，是记录历史的文化传承者，也是人类苦难的抚慰者，在每一次重大的灾难面前，记者总是在场的，观察，记录，将这些灾难中的故事和人性传递给每一个个体，可以说，这也是记者最光荣的使命。

第一节　灾难性事件的定义和特征

通常来说，灾难性事件分为自然性灾难事件和社会性灾难事件。自然性灾难事件是指地震、火山喷发、海啸、泥石流、洪水、沙尘暴等主要由自然因素引起的灾害，而社会性灾难事件是指战争、恐怖袭击、空难、矿难、车祸等主要由人为因素引起的灾难。目前人们普遍认为，某些自然性灾难事件和社会性灾难事件之间还是有着千丝万缕的联系，不可截然划分开来，比如一些泥石流灾难是由于人们的乱砍滥伐造成的，而不是纯粹的自然因素导致的。尽管如此，但不管是自然性灾难事件还是社会性灾难事件，它们都导致了人们日常均衡、稳固状态发生断裂，而个体和社会日常经验在无法应付这种断裂感时，人们的心理和生理都会受到不同程度的挑战。同时，在灾难性事件中，日常社会信息的传输通道可能被破坏，人们无法将个体与社会群体联系起来，会出现被社会排斥在外的不安全感，从而产生失措和恐惧心理。因此，在灾难性事件的报道中，记者就应当不断地消除"熵"值，让人们得到更多关于外界和自身的信息，以使在灾难中被割裂的社会系统恢复正常运作，消除人们失措和恐惧的心理，切切实实地为受灾的人群提供社会援救和心理援助。

与此同时，不管是自然性还是社会性灾难事件，总是会给人类的生命财产造成重大的威胁和破坏。如2008年5月12日14点28分04秒，在四川省汶川县发生的地震，使得北京、江苏、贵州、宁夏、青海、甘肃、河南、山西、陕西、山东、云南、湖南、湖北、上海、重庆、西藏等十几个省区市均有震感，而汶川地震也最终造成了69227人死亡、374643人受伤、17923人失踪、直接经济损失8452亿元，可见自然灾害所能造成的损失之巨。而同样的，人为的灾难也能造成重大的损失，且不说如第一次、第二次世界大战那样的全球性战争，恐怖袭击、重大的交通事故等人为灾难也会导致重大的伤亡和经济损失，如9·11恐怖袭击事件就导致了2998人遇难，其造成的经济损失更是不可用数字来估量。再如2008年4月28日发生的胶济铁路火车相撞事件，导致70余人死亡，百余人受伤。可见，灾难性事件最显著的特征就是破坏性。这种破坏性，最直观的表现是人员伤亡、建筑物破坏等外力作用下的变形与损伤，而间接的表现就是经济损失和财产损失。对于那些严重的灾难来说，灾后重建、难民安置、心理治疗等工作，在灾难结束后的日子里还会持续地发生作用。

其次，灾难性事件通常还具有突发性。突发性的主要体现就是大多数灾难发生的时间和发生的地点是不可预测、不可预知的。在各种灾难性事件中，除了战争、恐怖袭击等事件的组织策划者单方面知道事件将要发生的时间和地点以外，其他类型的灾难性事件几乎都是不能够预先知道的。如1976年7月28日的唐山大地震发生在凌晨3点42分，大多数唐山人还处于熟睡中，23秒的剧烈晃动使得20余万人在睡梦中就已经去世了。这种突如其来的灾难使人们没有任何的心理准备和物质准备，因而在自然灾难面前，生命就显得格外脆弱。而突发性，也正是造成严重的破坏的主要原因。

再次，灾难性事件一般具有不可预测性。不可预测性主要表现在灾难持续时间的不可预测以及造成后果的不可预测，就如法西斯在发动第二次世界大战时，也不会知道战争的结果会是怎样的，而美国在发动伊拉克战争时，也不可能知道持续时间会有多长。同时，灾难的不可预测也是导致严重破坏性的原因之一，不可预，则不可防备。不过，回到新闻中来，也正是由于灾难性事件的不可预测性，记者的工作才会变得富有价值和意义，但也给记者的工作带来极大的挑战。

最后，灾难性事件具有影响的持续性。严重的灾难性事件，其造成的破坏和损失不是在短期内可以弥补起来的，可能需要很长的时间才能将灾难造成的损失恢复到灾难之前的水平，而有些灾难的损失甚至是永远都不可能弥补起来，这些后果将在人类历史上永久地存在着，这种持续性更多地表现在灾难对人类心理的影响。例如9·11恐怖袭击事件，通过影响美国经济而波及到了全球经济的增长，也直接或间接地影响到国际资本流动和国际贸易，其中的一些更为深刻的影响也必将长期地存在着。而战争留给后人的影响，同样也是难以磨灭的，几代甚至十几代的人或许都无法将阴影消除。如二战期间，希特勒屠杀了600万犹太人事件留给犹太民族的阴影，再如侵华日军于1937年12月13日攻陷中国的南京之后，在南京城区及郊区对中国平民和战俘进行的长达6个星期的大规模屠杀、抢掠、强奸等活动，导致30万中国平民和战俘被杀害的战争罪行。这些都不是短期内能够解决的事情，而这也是记者在此后长期或短期内所能进行灾难性事件后续报道的内容。

不论怎样，灾难性事件的破坏性、突发性、不可预测性、影响的持续性，这都构成了灾难性事件的强有力的新闻价值。因而可以说，灾难性事件对于记者是具有强大的诱惑力的，很多记者在面对灾难事件的发生时，往往会显得有些"兴奋"。灾难性事件的报道是验证一名记者是否合格的重要标尺，而对灾难性事件的新闻报道也是一个记者非常容易出彩和出人头地的方式，每年的各类新闻奖和摄影奖中，最后的大赢家几乎都是灾难性事件的报道。但是，正是由于很多记者抱有这些颇具功利性的想法，因而在灾难性事件的采访中，记者也常常会犯各种各样的急功近利、破坏新闻职业操守的错误。

第二节　如何进行灾难性事件的采访

灾难的发生往往是出乎意料的，对于媒体机构来说，想要预先知道某个灾难的发生几乎是不可能的。从某个灾难性事件的发生,到媒体得到确切的信息,到相关领导安排采访的记者,再到记者出发前往灾难发生地,这些都需要花费一定的时间,因此,灾难性事件的采访,是具有滞后性的。这种滞后性,会使得灾难发生地各方面的情况产生复杂而微妙的变化,使记者的采访活动变得困难很多,很多现场的情况也由于这种滞后性而变得难以辨识和理解,如大地震发生之后引起的山体滑坡造成道路阻塞、大的交通事故之后的道路限行等情况。但从另外一方面来考量的话,这种滞后性也在一定程度上保障了记者的人身安全,记者不用在第一时间出现在灾难现场,避免了灾难现场各种突发情况可能对记者造成的人身伤害。

尽管如此,记者在进行突发事件采访时,还是应当注意以下几点采访要求:

首先,精心策划。在目前竞争激烈的媒体市场上,内容的同质化使新闻策划成为了众多媒体人开始关注和涉猎的领域。新闻策划不是指媒体记者编造新闻或自己创造媒介新闻,而是指以原有的、真实的新闻素材为依据,通过重新的排列组合,创造出令人耳目一新的报道效果。灾难性事件通常具有较高的新闻价值,参与报道的媒体不在少数,因此,记者在进行灾难性事件的报道时,应当要推陈出新,从仅有的、能采集到的新闻素材中,创造出新的话语体系,如《新周刊》在汶川地震时,就成功地策划出了"伟大的透明和国家的成人礼"、"活着:512改变的和不可改变的"等专题,取到了良好的社会效益。灾难性事件报道的策划,主要应当包括以下几个方面的安排:一是记者分工上的安排。重大的灾难性事件,媒体一般会派两个以上文字记者以及一个以上摄影记者参与事件报道,这时记者就应当合理地分工,不能以打散兵战的状态投入到采访工作中,否则可能造成工作的重复和无效。二是要提前计划好采访的重点和报道的方向。一个媒体能够派去采访灾难性事件的记者人数是有限的,不可能顾及到灾难中方方面面的问题,因此,记者必须要计划好采访的重点内容，尽量避免中途突然出现一个新的话题或新的栏目的情况，让受众不知所云。三是保证前方与后方的畅通合作。正是由于记者不可能在灾难性现场顾及到整体，这就需要后方的编辑有着较高的对信息的查询和整理的能力，能够及时地将其他媒体报道的有价值的线索传达给前方采访的记者，能够有效地将前方记者发回的稿件进行有序的整理归类。而前方的记者也应当随时保证与后方编辑的联系沟通，主动询问编辑在整理排版过程中所缺少的稿件和图片的类型，达到前后方联动的目的，以更好地服务于灾难性事件的报道活动。

第二，采访必备物品必须准备充分。由于大部分灾难性事件具有破坏性，会导致灾难发生地的自然环境和社会环境发生较大的变化，因此，记者在进行灾难性事件采访时，需要做好充分的准备，保证自身在灾区的正常生活，方能更好地在灾区进行采访。以采访地震灾区为例，首先，由于受灾地区的道路交通可能受到严重的破坏，记者应该做好徒步进入地震灾区的准备，而胶鞋、电筒、水、干粮等东西是不可缺少的；其次，灾区由于有大量的媒体和救援团体的介入，必然会有物资资源匮乏的情况发生，因此，干粮和饮用水必须要准备得足够充分，这不仅是自己的采访工作能够顺利进行的保障，而且不会对灾区民众的物资需求造成一定的影响；再次，根据灾区的自然条件及记者自身的身体状况，还应当准备一些必要的药品和防护物品，如创可贴、驱蚊虫的喷雾、口罩等等，以防意外情况发生；最后，灾区的电力和网络设施一般会受到破坏和影响，而记者的拍摄、写稿、传稿等活动都需要依靠电力和网络的辅助，这就要求记者在前往灾区之前，将摄影机、相机、笔记本电脑等等电子用品充好电，而无线网卡等传输稿件的必需品也应该准备充分。

灾难性事件的发生总是出乎人们意料的，在灾难性事件发生之后，很多媒体是立马派记者前往灾区，以争取采集到更多的信息来在媒体竞争中占据先机和优势地位，因此就容不得记者再浪费时间收拾这些装备。作为一名优秀的记者，这些物品应当是随时待命的，如在办公室备好专门的包袱,在灾难性事件发生之后,能够争取尽快而迅速地出发。

第三,迅速准确地报道新闻。在新闻价值的五个要素中,时效性是首当其冲的,新闻作为新近发生的事实的报道,媒体能够迅速准确地将这些信息传递出去,是当今激烈的媒介竞争所必须达到的要求。尤其是在网络时代,信息更新速度的落后就可能导致媒体全盘皆输的结局。而对于灾难性事件报道来说,灾区情况瞬息万变,死伤人数的增加、获救人数的增加,这些数字和情况都是处于不断变化之中的。这就对记者提出了极高的要求,记者不仅要以最快的速度将这些消息传递出去,还要保证这些不断变化的信息的准确性,否则将会闹出笑话。就如2011年3月云南盈江地震发生后,众多媒体已经报道了灾区的死亡人数达到了25人,但昆明某广播台的主持人在节目中,还是沿用了过期的数据,报道死亡人数为13人,这不仅仅是对受众的误导,也会使得媒体形象和公信力大打折扣。

因此,在灾难性事件报道中,记者应该有着高度的警觉和责任心,对周围发生的一切变化保持敏感和好奇的心理,与救灾指挥部、其他媒体单位、相关志愿救援机构、当地政府、军事指挥中心等有关的组织机构保持畅通及时的联系,以便及时了解最新的灾难信息。同时,记者也应该本着调查研究的精神,在灾区尽量深入细致地进行走访了解,掌握相关组织机构未曾了解到的地域范围的情况,做出具有特色且吸引眼球的新闻报道。

第四,关注受灾中的个体情况。中国的灾难性报道长期存在着一个问题,即记者在灾难性事件发生地采访时,更多地是去报道政府等相关领导和救援机构的活动是怎样的,而忽视了在灾难中正在受灾的个人,灾难性报道更多地变成了歌功颂德的篇章,而不是真正以灾民的利益为出发点来进行报道的。因此,在过去很长一段时期的新闻报道中,我们看不到灾区群众在灾后的生活状况如何,看不到受灾人民在灾难中承受了怎样的痛苦,看不到受灾人民的所想、所思、所盼、所愿,我们所能看到的，只是政府官员在灾难现场如何指挥，是救援人员如何进行救援。

不是说这些内容不能报道，相关政府和机构组织的活动也是一个完整的灾难性事件报道所必备的版块，能够在一定程度上起到稳定、安顿人心的目的，也是相关部门工作成果的一个见证，但是，这些内容却不应当成为新闻报道的重点和主要内容。灾难之所以牵动人心，正是因为在灾难发生的过程中，能够使人们真正地审视自己、直视自己的内心，同时理解人性，体会灾难中的人情冷暖，这是人之常情，也是记者应当传达于广大受众的情感支援，是媒体作为人类灾难的抚慰者的职责所在。在如今新闻媒体的操作中，记者已经越来越意识到了这个问题，因此在灾难新闻报道中，还是有非常良好的转向，如在汶川地震中感动了无数人的一个新闻报道——《那一刻，他张开双臂护住4学生——德阳市东汽中学遇难教师谭千秋的最后奉献》：

"那4个娃儿真的都活了吗？昨天晚上就听说有个老师救了4个娃儿，我哪知道就是你……"张关蓉扑到丈夫的遗体上放声恸哭。

深夜的德阳市汉旺镇，冷雨凄厉，悲声四处，呼啸而过的救护车最能给人带来一丝慰藉，那意味着又有一个生命在奔向希望。

13日23时50分，救护车的鸣笛声响彻汉旺镇——中国地震应急搜救中心的救援人员在德阳市东汽中学的坍塌教学楼里连续救出了4个学生。

"我侄女是高二一班的学生，要不是有他们老师在上面护着，这4个娃儿一个也活不了！"被救女生刘红丽的舅舅说。

"那个老师呢？"

"唉……他可是个大好人，大英雄噢！"说着，刘红丽舅舅的眼圈红了。他告诉记者，那是一位男老师，快50岁了。

13日一早，设在学校操场上的临时停尸场上，记者从工作人员手中的遗体登记册里查到了这位英雄教师的名字——谭千秋。他的遗体是13日22时12分从废墟中扒出来的。

"我们发现他的时候,他双臂张开着趴在课桌上,身下死死地护着4个学生,4个学生都活了!"一位救援人员向记者描述着当时的场景。

谭老师的妻子张关蓉正在仔细地擦拭着丈夫的遗体:脸上的每一粒沙尘都被轻轻拭去;细细梳理蓬乱的头发,梳成他生前习惯的发型……

操场上,学生家长按当地习俗为谭老师燃起了一串鞭炮。

为了保护学生而牺牲了自己的谭老师令无数国人为之感动流泪,他用生命诠释了何谓高洁的灵魂、何谓"学高为师、身正为范"的人民教师。这一类的新闻报道在汶川地震中有很多典型例子,因此也有学者认为,汶川地震改变了中国传统的灾难性报道以领导活动为主的报道模式,真正开始回归到新闻的本体上来,以灾难中的人们为主要的报道对象,真正将报道的落脚点放在了"人"的身上,让灾难性事件报道不再是空洞的大白话,人的活动、人的思想、人的品质等等都能在新闻报道中得到体现,这也使得新闻报道更贴近读者更贴近真实生活,也能为媒体赢得更广阔的读者市场。

第五,保护自身的安全。记者是灾难性报道采访的主体,是将灾难信息传递给其他社会人群的中介,记者身上除了所承担的社会责任以外,更重要的是,记者首先是作为一个生命个体,因此应当将自己的人身安全放在第一位,不能以牺牲自我来换取新闻信息。虽然也有人说,记者应当"铁肩担道义",但更为重要的是,记者作为生命个体,也有保护自身安全的必要性,以生命安全来换取新闻的付出是得不偿失的。据有关机构统计,自2001以来,全球共有788名记者因为采访工作而死亡,其中,2010年就有102名记者在采访工作中遭遇不测,而2009年因采访而死亡的人数为71人,2008年为41人,2007年为67人,死亡数字呈逐年上升的态势。而回到中国自身的国情上来,目前中国尚未制定《新闻法》,记者缺少人身安全的法律保障,相关的赔偿机构也未曾建立,只有在某些媒体内部有一些局部实行的保障和赔偿规定,但并不普及和彻底,记者工作仍然属于"高危行业"。

那么，记者应当怎样处理采访工作和自身安全之间的矛盾呢？不可否认的一点是，不论是多重要的采访，记者应当将自身的安全放在第一位，不要随意进入标有"禁止进入"标志的建筑或地域，不要随意独自在夜间行动，不要食用或饮用来源不明的食物和饮用水，听从当地人员或是经验丰富人士的建议，等等。更为重要的是，对于何为安全何为危险的概念需要记者在长期的实践工作中积累经验，并根据实际的情况来做出正确、妥当的判断和处理。

第六，寻找报道的贴近性。重大的灾难性事件所产生的影响不仅仅是针对当地人民的，甚至还会波及到其他地区和其他国家的人们。因此，记者在灾难性事件的报道中，不能只将注意力集中在受灾事件本身，还应当看到这个灾难所辐射和影响到的其他领域。典型的例子就有如日本地震所导致的核泄露事件，引起了全世界的高度警觉和关注。而这些报道，就需要那些没有前往灾区的后方记者的采访报道了。另外，根据受众的阅读心理，虽然重大的灾难性事件本身已经具备了新闻价值，但它在大多数情况下，毕竟是在与大部分读者联系不大的某一特定地域内发生的，而读者更关注的是与自己有一定关联的人或事件，这即是新闻价值中的贴近性原则。例如美国9·11恐怖袭击事件中，中国人更关注的是遇难人群中是否有自己的同胞，在日本大地震中，大家也更关注在日的中国人，而将范围继续地缩小来看，四川人更关注在灾难中的四川人，山东人更关注在灾难中的山东人。心理上的贴近性为地方性媒体提供了报道灾难性事件的另一个窗口。

第七，学会调用多方资源来辅助采访工作，尤其是灾难性事件发生地的资源。通讯技术的发展，尤其是网络技术的广泛应用，令信息传播的话语权不再是被传统媒体所垄断了。传统媒体记者在进行灾难性事件的报道时，可以大力运用这种资源，尤其是微博等网络平台，作为了解灾难性事件发生地情况的一个窗口。在日本大地震中，昆明的《生活新报》就以本报社的原记者、在日留学的学生的亲身经历作为报道的切入点，让人们能够体会到地震时在日华人的真实感受：

北京时间昨晚 10 时 30 分，在日留学的昆明女孩、原《生活新报》记者邹怡发来《亲历日本强震》日记，接下来的几天，我们将通过邹怡《亲历日本强震日记》这个独特的"窗口"，持续关注日本强震。

2011 年 3 月 11 日

星期五　阴　21 时 25 分

东京都府中市朝日町 3-11-1 东京外国语大学

……

今天本是风和日丽，充满期待的星期五，因为明天，期待了许久的春休みの旅行（春假的旅行）就开始了。想起 1 年未见的老友们，想着多少喜怒哀乐等着和他们倾诉和分享，我哼着小曲儿，去图书馆打印最后拟定的旅行行程安排。到图书馆已经是下午 2 点半多了，刚打印好行程，正准备查看邮件，电脑屏幕轻轻地晃了一晃，以为就是平时的小地震，也没太在意，紧接着，又开始一阵晃，旁边的办公椅开始往两边滑，心里顿时也一晃，站了起来。还没站定，更大的晃动开始了，我站不稳，抓着椅子，惊慌失措地看着站起来的其他同学，同学们还没来得及站起来，前排的台式电脑已经被晃倒了，书架的左右晃动把书撒了一地。这时候，不知道谁喊了一句"往桌子底下躲"，大家才缓过神来，慌慌张张地钻到桌子下。此时，只听见地板嘎吱嘎吱地响，我吓坏了，捂着耳朵惊声尖叫，同一桌子下的白人同学挪向我，一把抓住我的手，告诉我："It's OK, it will past soon（没事，很快就会过去）。"我告诉她，我从来没有经历过这样的地震，她说她也是，随着晃动越来越厉害，只听见周围一片惊叫，我也紧闭眼睛，紧紧地抓住了她的手。过了好一会儿，晃动似乎停止了，我刚想起身，白人同学一把拉住我，让我再等一会儿，可能还会有余震，我又坐下了，看到她眼里噙着泪水，紧紧地抿着嘴，我突然觉得鼻子一阵酸，原来没有家人在身边的留学生，只是紧紧握住彼此的手也能带来一丝安慰。

过了好一会儿，听到走廊里传来脚步声后，我和白人同学战战兢兢地站起来，看到桌上的台式电脑倒了一大片，书架上的书散落了一地，就这么堆在走廊里，惊魂未定的我们，迅速跟着人群有序地离开了图书馆，奔向宿舍楼。宿舍楼外挤满了人群，宿舍老师站在台阶上告诉我们在田径场稍作休息，暂时不要回寝室，以免强烈余震再次来袭。

强震后的东京，夜晚看不到星星。寒冷的东京，今夜注定无眠。

在日留学生的亲历地震的感触，是国内记者不可能感受到的，这段当事人的亲诉，有着强烈的现场感，也有着读者所希望看到的戏剧化的故事特征，很能吸引读者的眼球。再则，灾难性事件发生地的人们在网络上所进行的信息传递活动本身，也为传统媒体提供了报道的题材，比如在云南盈江地震中，一位被人们称为"微博天使"的盈江当地女孩，坚持用微博向外传递当地的地震信息，引起了传统媒体的关注，她也成为了灾区人民自我营救、坚定勇敢的典型，自身也变成了传统媒体报道当地情况的题材之一。

第八，避免侵扰。这一点将在下一节中进行详细的讲述。

第三节 灾难性事件采访的伦理要求

在论述灾难性事件采访的伦理要求之前，首先讲一个真实发生过的故事：一户人家痛失亲人，儿子女儿们不愿让年迈的母亲知道，担心老太太知道这个消息后承受不了，于是便守在家门前阻止记者进入。没想到，一帮记者突破了重围之后，直接冲到老太太面前，开门见山地就问老太太失去亲人后是什么感觉，老太太在记者的逼问之下，几乎被突如其来的悲痛击垮。而最后，记者们终于如愿以偿地拍到了老太太老泪纵横悲痛欲绝的照片。

虽然可以理解这群记者在面对行业竞争压力时的无奈，但媒体人的良知却由于这样的行为被彻底破坏了。按理说，记者应该具有媒体利益之上的底线，这个底线，也正是"己所不欲勿施于人"这个古老的道理。没有人愿意在悲痛之时被外人侵扰，更不愿被一个陌生的来客一遍遍询问自己的感受、回忆那些有关苦难的经历。对于记者来说，那或许是他所认为的职业需求所在，但对于一个个体的人来说，那却是抹杀了人性的伤害。一个优秀的媒体工作者，应该是自制而忍耐的，应当是以关怀之心而非窃私之欲来守望社会的。若是记者能以怜悯之心看待他人的苦难，那么从事新闻这个神圣职业的人才能是真正的苦难抚慰者，给人以信念、授人以希望、予人以指引。正如台北市新闻记者工会声明中的一句话"凡良心未安，誓不下笔"，在灾难事件中进行采访的记者，也应该有着"凡良心不安，誓不采访"的道德品质。

伦理是社会制定、默认及认可的关于人们具有社会效用的行为应该而并非必须如何的非权力规范。这也就是说，事实上伦理不像法律一样具有强制性，它是存在于人们内心，以个人为实施主体的，实施主体与承受主体具有同一性。回到记者的采访工作来说，在新闻采访工作中，没有强制的法律来规范，没有限制记者的采访工作所能涉及的领域和深度，也没有具体的规定来说明记者可以采访谁、不可采访谁、可以以何种方式采访、不可以以何种方式采访等等的问题。因此，新闻活动中的一些可以触碰或不可以碰触的范围，主要就是依靠记者个人所认同的伦理价值来规范了。

在新闻采访活动中，尤其是在灾难性事件的采访中，新闻采访伦理道德规范就显得尤为重要了。记者在灾难性事件发生地进行采访活动时，不可避免地会接触到灾民，这时候，人文关怀是记者必须遵守的原则之一。

人文关怀是指肯定人和人的价值、以个体为关注对象、要求人的个性解放和自由平等、尊重人的理性思考、关怀人的精神生活的一种精神理念，一般认为其发端于西方的人文主义传统。人文主义的内涵经过时代的变迁，得到了更多的深化和补充，但它作为一种现代精神的必要且重要的组成部分，仍然不失为个人所应当遵从的一种伦理价值。在灾难性事件采访中，记者应当从以下几个具体的方面来履行人文关怀的核心价值：

1. 以人为关注核心

人文关怀承认人不仅是一种物质生命的存在，更是一种精神和文化的存在，并且承认人的价值、尊重人的主体性。灾难性事件报道以人文关怀为原则，必然应当将人作为关注的核心。在灾难性事件报道中，以人为关注核心，就要求记者树立起同情受灾人们、尊重灾民的报道理念。在灾难中，受灾人们的生命、财产、精神等方面均受到了一定程度的损害，记者的采访活动，就应该以同情、尊重的态度，在着重报道受灾情况的同时，注重关注受灾人们的生活状态、精神状态，关注个人在灾难中的活动，把受众的内心体验放在心上，让受众看到生命在灾难中的真实情状，以浓墨重彩彰显生命在灾难中的尊严与价值、无私与智慧等人性的光辉。例如在汶川地震中，有这样一个感人肺腑的新闻：

5月13日中午，救援队员发现她的时候，她已经没有了呼吸。透过一堆废墟的间隙，可以看到她双膝跪地，整个上身向前匍匐着，双手扶地支撑着身体……救援队员从空隙伸手进去，确认她已经死亡，又冲着废墟大声呼喊，没有任何回应。这是震后的北川县，还有很多人在等待着救援。救援队走向下一片废墟时，队长好像意识到什么，忽然返身跑回来，他费力地把手伸进她的身下摸索，高声喊："还有个孩子，还活着！"

一番艰难的努力后，人们终于把孩子救了出来。他躺在一条红底黄花的小被子里，大概有三四个月大，因为有母亲的身体庇护，孩子毫发未伤。

随行的医生过来准备给孩子做些检查，发现有一部手机塞在被子里，医生下意识地看了一下手机屏幕，发现屏幕上是一条已经写好的短信："亲爱的宝贝，如果你能活着，一定要记住我爱你。"看惯了生离死别的医生,在这一刻落泪了;手机传递着,每个看到短信的人,都落泪了……

　　大灾难面前,母爱,孕育了一个个看似不可能的奇迹。

　　在这个新闻中,母爱的伟大得到了淋漓尽致的展示。虽然当事人已经去世了,但通过记者所描写的她去世后的姿势以及她遗留下来的短信,体现了在生死关头,一位普通善良的母亲所做出来的最后的抉择,这是人性使然,也是人性在灾难面前的真实体现。记者在灾难事件报道中,也应该多抓住这样的新闻事件,从微小的视角来透视整个灾难事件,从个人的生死体验来观察整个人性,以小见大,可达到出其不意的效果。

2. 不侵扰悲痛

　　侵扰悲痛是指在意外事故或不幸事件发生后,记者以采访为目的,有意或无意地对因意外事故或不幸事件而痛苦悲伤的人进行侵扰打搅的行为。这些采访对象通常是那些在灾难性事件中失去亲友、自己受到身心损伤的人。正如在本节开篇所讲的记者对失去儿子的老太太的采访,正是侵扰悲痛的典型表现。

　　灾难性事件的发生必然会带来一定的伤亡,而记者采访灾难性事件,按理也应以受灾人们为重点,以关注受灾人们为报道的中心。这里就形成了一个矛盾:既要采访受灾的人们,又不能侵扰他们的悲痛,那记者在灾难性报道中,究竟应该如何进行采访工作呢?

　　首先,采访应该以观察为主,以问答为辅。记者应该充分发挥自己观察周围事物的能力,以自己的亲眼所见、亲耳所闻来为报道提供线索。受灾人们的生活环境、食物衣着、神情、对话等等,都可以为记者提供许多的新闻素材,如通过生活环境可以看出受灾人们承受的损失大小,通过神情可以看出受灾人们的精神状态。而向受灾人们提问,则应当是在观察了解到关于采访对象的精神状态之后,才开始采访工作,万万不可在受灾人们正在痛哭等时刻进行采访。其次,采访不能强人所难。在灾难性事件报道中,采访对象是否愿意接受记者的采访,是记者能否继续进行采访的重要标准。根据不同的性格或情况,一些受灾群众可能比较愿意向记者倾诉自己的遭遇，给情绪寻找一个发泄口，而一些受灾群众则可能更愿意将自己的情绪隐藏起来，而不愿意接受记者的采访。这个时候，记者应该首先询问灾民是否愿意接受采访，如果采访对象拒绝，记者应该表示理解，不能强求，不能强迫，也不能苦苦相逼。如果得到的是肯定的答案，记者也不能得意忘形，还是应该谨记对方的受灾群众身份，所提的问题和自身的表达、表情、语气等，都应该是表示尊重的。此外还有非常重要的一点，记者不应该充当向死难者亲友报告死讯的角色，不能在采访一开始就先说"我知道你的某位亲人去世了"这样的话，这不单单是不尊重采访对象，更可能给采访对象以措手不及的沉重打击。再次，针对采访对象性别、年龄等不同情况，记者应该进行针对性的采访。老人、妇女、小孩应是采访中受保护的对象，在采访过程中，记者应该尽量避免采访这三类人群。最后，在采访过程中，记者必须要注意自己的言行。应该避免那些会直接伤害到采访对象的问题，注意自己的措辞，如"你家死了几口人"、"他是怎么死的"之类的问题就应该尽可能地回避。而采访过程中，记者也要保持精神的高度集中，不能有东张西望之类的小动作，这不仅对采访对象不尊重，也有可能刺激到采访对象，对其心理造成更大的伤害。

3. 防止暴力影像和影像暴力

影像是灾难性事件采访中非常重要的一个方面，是读者了解灾难性事件现场情况的最直观的方式，也是最能够激起读者情感的信息传递方式。不过，在实际的新闻工作中，尤其是在灾难性事件中，暴力影像和影像暴力的问题仍然存在着，并且在灾难性事件中这样的情况显得更为严重。

暴力影像强调影像的内容，是指影像作品的内容涉及到枪杀、斗殴等暴力血腥的情形。在灾难性事件中，出现的破碎尸体、血流如河等场面，正是暴力影像的表现。这些具有暴力血腥情形的新闻图片的出现，可能导致受众心理上的不适应，尤其是对青少年来说，负面的影响尤为明显。

众多研究都有表明，青少年对于媒体中所展现出来的暴力行为会进行模仿。而影像暴力则是强调影像作用于读者心理的一种视觉感受，是指基于影像传播者对于传播媒介的占有和对话语权的据有，通过影像（包括摄影和摄像两种形态）的传播方式而产生的一种强制性的、单向度的信息传播，而这样的影像具有某种强迫、笼罩的心理控制效果，会使受众产生压抑感和不适感，同时对影像内容发生依赖和排斥两种态度。当然，具有影像暴力的影像中也包含了暴力影像，两者是包含与被包含的关系。

暴力影像和影像暴力的存在，是对读者和采访对象的一种不尊重，同时也有违新闻的职业精神，是目前新闻媒体所存在的较为严重的社会责任感缺失的表现。既然如此，在灾难性事件的报道中，记者应该注意尽量避免拍摄血腥画面，不要直接呈现逝者面部或残缺的身体局部。同时，不要为了实现目前新闻摄影中已经误读了的"视觉冲击力"，而选用广角镜头来使拍摄对象发生一定程度的畸变、扭曲，达到夸张、突出拍摄主体的目的，这既是对采访对象的不尊重，也在某种意义上违背了新闻的真实性原则。

在灾难性事件的采访中，有很多比较好的防止暴力影像和影像暴力的拍摄手法。如要表现地震中死亡的学生众多，就拍摄堆在一起的五颜六色的书包，这种借喻手段的运用，不仅可以表现出死亡学生人数的众多，也能体现出记者对如此绚烂生命的逝去的叹息。在日本大地震中，我们所看到的大多数是表现城市整体状况的图片，很少有对受灾人群的特写和直面死亡的拍摄，这是日本媒体对人文主义情怀的自觉遵守，也是值得国内所有记者学习和反思。

4. 积极参与救助

在灾难性事件的采访中，当采访工作与救援相矛盾的时候，记者究竟应该以采访工作为主，还是应当积极参与到救援之中呢？这个问题是新闻实践中普遍存在的。有新闻曾报道了一个小孩掉进了水坑，众多市民出手援救的故事。而在第二天的报纸上，却出现了记者所拍摄的小孩在水里挣扎的照片，于是很多市民打电话到报社，质问为什么记者要拍照而不是去救落水的小孩。虽然拍照的记者后来解释说自己在拍照之后就同其他市民一起去救小孩了，但很多市民还是对这个事情不依不饶。这个事件表现出普通百姓对记者的道德要求，即在采访工作和人性底线的矛盾中，人们更关心的是记者作为一个个人所应该具备的基本的道德要求。

因此，在灾难性报道的采访中，当记者的采访工作与救援活动相矛盾的时候，记者还是应该积极地参与到救援之中。但这并不是说记者应该放下自己的本职工作，毕竟，记者参与到灾难性事件中，就担负着将与灾难有关的各方面问题传达出去的任务，为灾难性事件的救援工作赢得更多的可能性。但在命悬一线、人命关天、人手不够等情况下，就需要记者参与救援之中了。记者作为一个具有行为思考能力的人，应当履行基本人性准则，人最重要的是生命，生命也就是记者的工作之中应当重点关照的对象。

第十四章
旅行采访

第十四章 旅行采访

总的来说，人类进行旅行活动，是源自人类内心深处对于"异文化"的好奇和渴望。人们总是希望通过旅行活动，来了解其他地方有着什么样的风景，而其他地方的人们又是生活在怎样的文化之中。因此也有人总结说，旅行就是从自己待腻了的地方，到别人待腻了的地方。人类天然的好奇心理，使得旅行有了心理动因。在古代，人们依靠步行和畜力来进行长途的跋涉，同时记录下沿途所见，例如明末徐弘祖（徐霞客）经34年旅行，写下了天台山、雁荡山、黄山、庐山等名山游记17篇和《浙游日记》、《江右游日记》等著作。在他死后，他的这些著作由他人整理成了著名的《徐霞客游记》。而发展到近代，旅行采访才在新闻工作者那里得到了践行。在我国新闻史上就有著名新闻工作者邹韬奋的《萍踪寄语》、《萍踪忆语》和范长江所写作的《在中国的西北角》等旅行采访通讯。

以范长江的《在中国的西北角》为例，该通讯写作的背景是1935年5月范长江以大公报社旅行记者的名义而开始的西北之行。范长江从上海出发，沿长江西上，在四川做了短暂停留后，经四川江油、平武、松潘和甘肃西固、岷县等地，两个月后到达兰州。而在兰州稍事休整后，他又向西深入到敦煌、玉门、西宁，向北到临河、五原、包头等地进行采访。范长江的这次西行，历时10个月，行程4000余里，沿途写下了大量的旅行通讯，真实地记录了中国西北部人民的困苦生活，对少数民族地区宗教、民族关系等问题也作了深刻的表述；同时，在他的旅行通讯中，还记载了红军长征的真实情况。这些通讯陆续发表于《大公报》后，引起了巨大的反响，而这些通讯最终就汇编成为了我国旅行采访的经典之作——《中国的西北角》。

随着现代交通工具的发展，旅行得到了更大范围的普及，产生了诸如"驴友"这样的群体。而在新闻媒体中，旅行采访也有着很广泛的应用，《时尚旅游》、《中国旅行》等旅行类杂志的兴起，正是一个表现。通过记者的眼睛，读者可以看到一个不一样的旅行过程，感受到旅行中一些更独特的风情习俗。在这样的趋势之下，旅行采访也是记者必备的采访能力之一。

第一节　旅行采访的简介

一、旅行采访的概念及特点

旅行采访是指记者沿着既定的线路，利用自行车、摩托车、汽车等交通工具，对沿途的地理风貌、风土人情、民族风情等情况进行报道的一种新闻采访方式，是一种远距离、长时间、具有一定艰险性、对记者的个人能力有着极高要求的采访类型。旅行采访具有以下几个特点：

第一，对记者的综合能力有严格的要求。首先，旅行采访一般会延续较长的时间，不像普通的采访是在一两天之内完成的，它需要记者长期远离原居住地，如范长江写作《中国的西北角》就花费了10个月的时间，再如昆明《都市时报》一名记者骑自行车前往东盟六国进行旅行采访一共花费了74天的时间。对记者来说，只要踏上了旅行采访的旅程，可能会长时间无法返家，这是对记者心理的一种考验。其次，旅行采访具有艰苦性，长时间的旅行对记者的身体也是严峻的考验，尤其是记者还需要步行或骑自行车等，就更要求记者的身体素质了。再次，记者在旅行采访中，不仅仅是以旁观者的身份走马观花，更应该参与进入到沿途的文化中去，而且媒体一般要求记者随时采访随时发稿，这就要求记者具备高度的专业能力。最后，对于一些跨国的旅行采访来说，记者的外语能力也是非常重要的。即便是有随行的翻译，但记者不能将所有采访的翻译任务都寄托在翻译身上，一是翻译不可能随叫随到，二是随行翻译的能力可能无法应对一些特殊的采访，三是记者的采访时间和进度可以自由控制，更有利于采访工作的进行。总的来说，旅行采访就是对记者的心理、生理、专业能力和外语能力的全方位考验。

第二，旅行采访报道的内容很多都是源自记者的主观感受，尤其是对于风光、人情等情况的描述，其真实性都是需要考量的。不过，诸如旅行采访这样的采访活动，对这些主观性较强的报道写作的真实性要求并不像对严肃性新闻事件等报道的真实性要求那么严格。但即便如此，真实是新闻的生命，记者在进行旅行采访时，还是应该坚持真实性的原则，记者的采访写作还是必须建立在记者自身真实的体会观察之上，不可夸张，更不可无中生有。

第三，旅行采访是以记者自身的旅行为线索来进行的，因此，很多旅行报道都是采用第一人称的方法来写作。使用第一人称的写作方法，能使读者较好地融入到记者采访写作的语境中去，产生感同身受的感觉。同时，在叙事学中，第一人称的写作方法表明作者是站在未知的角度上的，而后面将发生什么事情，作者是未知的，受众也是未知的，这可以引起读者的好奇心和探索的欲望，激发受众继续关注后续报道。

二、旅行采访的类型

根据旅行距离的不同，旅行采访的类型可以分为长途、短途等旅行采访；根据旅行目的地的不同，可分为省内、国内、国际等旅行采访；根据使用的交通工具的不同，可以分为步行、自行车、摩托车、火车、汽车、轮船等旅行采访。

不过，没有一种分类能够将旅行采访的所有类型穷尽。但不管是什么类型的旅行采访，记者在旅行采访中的采访方式是大致相同的，只是不同类型的旅行采访对记者的要求可能有所出入，比如长途旅行采访要求更多的时间，而跨国旅行采访则有对记者的外语要求，步行、自行车旅行采访要求记者有较好的体力。

第二节　如何进行旅行采访

前面讲到，旅行采访对于记者的考验是全方位的，因此，将旅行采访的任务出色地完成，是对记者个人能力的极大肯定。与此同时，记者进行旅行采访，也能够对个人能力进行高强度的训练，使自身能力得到全面提升。

媒体在选择记者进行旅行采访时，一般都会选择经验比较丰富的老记者，但不管是老记者还是新记者，在旅行采访中，需要注意的事项包括以下几点：

第一，采访前的充分准备。这是进行旅行采访最为关键的因素之一，采访前准备得充分与否，直接关系到后面的采访能否顺利进行。由于旅行采访是一个高度集中、紧密的采访经历，每一个小小的纰漏，都可能导致一连串的不协调，也会导致采访工作不能顺利进行。

在旅行采访之前，首先需要做好采访器材的准备。在旅行采访中，记者不能是等旅行结束才回到媒体所在地开始写稿发稿的，而是需要一路采访一路发稿，所以电脑是首要准备好的器材。对于在国内进行的旅行采访来说，记者应当准备好无线网卡，但对于需要跨国的旅行采访，调试好的海事卫星则是必备的。

在旅行采访中，摄影记者对器材的要求更为严格一些，除了平时所使用的单反相机以外，还应当准备一个小卡片机，以方便随时进行拍摄。而事实上，很多摄影记者在旅行采访中，使用卡片机的频率还要更高一些。而这些相机的充电器、备用电池也应该是准备充分的，都应该是充好电的状态。此外，摄影记者在拍摄完毕之后还需要用电脑软件进行一些裁剪等处理，如使用 photo shop 软件，因此，摄影记者应当将这些软件进行备份，存储在移动硬盘或电子邮箱里，以备笔记本电脑临时发生故障时可以随时重新安装。

另外，对于跨国的旅行采访来说，记者还应当注册一个全球性的邮箱，如gmail、yahoo等，而电源转接头也是必须准备好的。另外，不管有没有旅行采访的安排，记者都应该准备好一个护照，在有这样临时安排的任务时可以得到优先权。

其次，记者的个人生活用品要充分准备。这些个人生活用品包括了全套的衣物，衣物要根据前往采访的地点的气候情况进行有针对性的准备，如前往热带雨林就需要携带防水的鞋子、冲锋衣、宽松耐磨的运动衣裤，同时为了避免夜晚寒冷，还要准备好一些防寒衣物。此外，像餐具、防晒霜、墨镜、手电筒和创可贴之类简单的药品等，也应当有所准备，以备不时之需。

再次是要对旅行沿途经过地点的各方面资料有充分的准备。旅行采访并不是走马观花的匆匆一瞥，记者要做出有深度、有特色的稿件，就应当对旅行采访经过地点和城市的地理、人文、历史等方面有一个深入的了解，这不仅仅是为了更好地指导记者的采访工作，也能够对记者起到文化常识普及的作用，不至于在采访过程中犯一些常识性的错误。同时，对这些地理、人文、历史等资料的准备，也能让记者在后期的写作中博古通今，有充分的写作资料支持，让报道更有深度。再则记者将这些资料准备充分后，可以有针对性地对一些比较有意思、能够吸引读者的地理、人文、历史等方面的内容来进行深入挖掘，让报道更为出彩。不要将了解背景的希望寄托在旅行中的网络查询上，这不仅仅是因为旅行采访的行程一般都较为紧密，没有足够的时间给记者上网寻找资料，而且，旅行中是否有网络也是个未知数。因此，记者在进行旅行采访之前，一定要将这些背景资料准备好，不但要在电脑上储存好一些电子文档，一些重要的资料，最好用笔写下来或者打印出来随身携带。

最后是生理和心理上的充分准备。旅行采访对记者的生理和心理都是严峻的考验，在出发之前，记者应该将自己的身体状况调试到最佳的状态，如果有一些无法克服的困难，则不能勉强自己加入到旅行采访之中，比如要进入到西藏等高海拔地区采访，如果记者本人正在生病，就最好不要去，否则可能带来生命危险。很大程度上，旅行采访能够顺利完成，生理和心理因素扮演了至关重要的角色。

第二，在旅行过程中要照顾好自己的身体。旅行采访对记者的身体素质要求很高，而又因为旅行采访是一个长期艰巨的任务，所以记者在旅行过程中，一定要照顾好自己的身体，尤其是要进行步行或骑自行车等体力消耗极大的旅行方式时，记者更应当注意自己的身体状况，稍微感觉身体有一点不适，都应当及时检查、吃药，或者更换记者。要保证按时休息、多喝水、多吃水果以补充维生素。要根据天气情况及时增减衣物，不能为了贪图凉快而在流汗之后脱衣服，等等。总之，身体是保证采访能顺利进行的硬性条件，记者必须予以充分的重视。

第三，把握好报道的节奏。把握好报道的节奏，能够使采访工作有事半功倍的效果，而且能够节约记者的时间和体力。旅行采访每天的行程一般都是安排好的，记者的采访工作就必须依照原定的行程来进行，既不能破坏既定的行程安排，也不能把采访耽搁掉。所以，记者应该养成打腹稿的习惯，在步行、骑车、开车的过程中，以及在吃饭、休息等时间，要将当天需要写稿的内容在心里勾画一遍，以便在达到营地时能够迅速下笔，也能为自己争取到更多的休息和进一步深入采访的时间，还能使记者腾出时间去思考后面的采访，做到胸有成竹。

第四，策划好采访内容，及时与编辑沟通。虽然旅行采访中可能遇到的事物是未知的，但是记者还是不能抱着遇见啥就采访啥的心态投入到旅行采访中去，因为旅行中的一些事件是可以预见的，记者就应该对这些可能发生的事情提前做好准备。如《都市时报》记者前往东盟六国采访时，根据采访计划的时间，记者发现在这个旅途中会遇到春节、三八节、印度狂欢节等节日，因此，记者在前期准备时，就特别注意收集了有关这些节日的资料，也在采访途中提前做了一些前期采访准备，如专门拍摄了一些当地妇女的笑脸等，以便在三八节的稿件中使用。同时，记者在采访过程中，也应该及时与后方编辑沟通。还是以《都市时报》记者采访东盟六国为例，在采访期间，正值泰国和缅甸交战期间，但是记者所经过的泰缅边界上，却没有任何的冲突，人们还是像往常一样进行友好而和善的边境贸易，因此，记者在与编辑沟通之后，决定做一篇有关泰缅边境贸易的稿件，这不仅仅与国际政治结合了起来，还使得报道更具有贴近性，也更有社会意义。

第五，采访中要养成写日记的习惯。一些旅行采访需要记者每天都发稿，一些媒体却对记者在旅行采访中没有严格的发稿要求，但不管怎样，记者还是应当养成每天写日记的习惯。写日记是对旅行见闻的梳理，也是记者从中发现亮点和可报道题材的资料来源。《都市时报》记者在东盟六国采访时，沿途拍摄了一些来自世界各地的骑车旅行者的照片，记者在翻阅之前的日记时，突然觉得可以将这些来自不同国家、不同肤色、不同信仰的旅行者的照片组合成一个比较有趣的稿件。

除此之外，记者养成在旅行采访中写日记的习惯，也能成为记者生涯中的宝贵经验和自己人生中一段精彩的回忆，这是很多人求之不得的一笔财富。

第六，做好前后方的联系。记者进行旅行采访，不仅要与后方的媒体做好及时的沟通，还应当与前方目的地取得联系。与后方媒体进行沟通的内容主要包括了受众的反馈、需要进一步采访的内容等工作方面的内容，以及记者生理不适、是否需要更换记者等方面的内容。而与前方目的地进行沟通的内容则包括了食宿、接待等方面的内容。做好前后方的联系，能够解除记者后顾之忧，避免记者自身在旅行采访中的众多不便，也是使得旅行采访能够顺利完成的保证。

第七，在平时的工作中，要不断提高个人能力。旅行采访是对记者全方位素质的考验，其中包括了生理素质、心理素质、外语能力、专业能力等等。但是这些素质的形成，不是记者在一朝一夕之内能够锻炼出来的，而是需要记者长期不断的努力，在平时的工作中，不断地积累和学习。

第十五章
隐性采访

第十五章 隐性采访

2007年6月间,原北京电视台生活频道《透明度》栏目临时工作人员訾北佳,化名"胡月"冒充建筑工地负责人,对制作早餐的陕西省来京人员卫全峰等四人谎称自己需定购大量包子,要求卫全峰等人为其加工制作。然后,訾北佳携带纸箱和自己购买的面粉、肉馅等再次来到卫全峰这里,以喂狗为由,要求卫全峰等人将浸泡后的纸箱板剁碎掺入肉馅,制作了20余个"纸箱馅包子"。而与此同时,訾北佳使用秘拍设备,拍摄了卫全峰等人制作"纸箱馅包子"的全过程。在对这段视频进行后期制作中,訾北佳采用剪辑画面、虚假配音等方法,编辑制作了虚假电视专题片《纸做的包子》播出带,并对北京电视台相关审核负责人隐瞒了事实真相,使该虚假新闻得以于2007年7月8日在北京电视台生活频道《透明度》栏目播出,造成了恶劣的社会影响。这个事件在全国上下引起了强大的震动,人们纷纷对记者的职业道德等问题进行了反思和批判,但我们在这里并不是要讨论记者职业道德的问题。从这个案例中,我们可以反思的是,为什么隐性采访能够在实际的工作中运用广泛,而隐性采访自身是否存在着一定的职业操守问题?同时,在进行隐性采访中,记者究竟应该如何操作呢?

第一节 隐性采访的概念与特征

一、隐性采访的概念

隐性采访,顾名思义,是不让采访对象了解到记者的身份、目的而进行的采访，也称为暗访。隐性采访与"明性采访"相对，"明性采访"是指记者在日常工作中所进行的采访活动。根据正常的采访程序，在采访之前，记者应该向被采访对象亮明自己的记者身份，说明自己的采访目的和意图，并询问采访对象是否愿意接受采访，只有当采访对象同意接受采访之后，记者才能履行自己的采访程序。而在采访过程中，记者如果需要使用相机进行拍摄，或者使用录音笔进行录音之前，都应该提前征求采访对象的意见，如果对方不接受，则不能以这些手段进行采访。

但是，隐性采访的产生必然有着一定的合理性。对于新闻媒体来说，对社会的一些黑暗面进行曝光，是其社会责任的体现。但由于一些采访的内容涉及到了某些组织和个人的利益，因此，这类新闻事件中的采访对象不愿意接受记者的采访，而记者如果强行介入采访工作的话，记者自身的人身安全也可能会受到威胁。这便是隐性采访产生的原因。

1992 年 7 月，中央电视台制作了电视纪录片《再访无极》，披露了轰动一时的无极假药市场，使其成为中国新闻史上最早使用隐性采访手段的媒体。但是，制作《再访无极》的暗访团负责人骆汉城在事后也表示，当时使用隐性采访实属无奈之举。

二、隐性采访的特征

既然隐性采访与正常的新闻采访有着一定的差异，那么，它必然具有一些特征。总的来说，隐性采访具有以下特点：

1. 题材的特定性

并不是所有题材的新闻都需要使用隐性采访的方式来进行信息收集，如正常的新闻发布会，记者就可以正大光明地进行采访提问拍摄，这是新闻事件的性质所决定的。而隐性采访所涉及的题材，大多数是涉及到某些组织和个人的利益的事件，记者对于该新闻事件的报道曝光的话，可能会使得这些组织和个人的利益受到威胁和破坏。但是在这种情况下，新闻媒体作为社会公器，有责任和义务去揭露危害着社会稳定和大众安全的问题,以唤起人们的关注,保障社会利益。在这样一对矛盾之下,就说明使用隐性采访的方法进行的采访,在题材上有一定的限定和特殊性。通常来说,这些涉及到某些组织和个人的利益的题材,使用公开采访的方式是无法取得的,因此,记者在迫于无奈的情况下,只得使用隐性采访来进行素材和信息的收集,例如记者要采访一些有食品问题的饭店或加工厂,而这些问题的曝光会对这些饭店或加工厂的经济和社会利益造成了威胁,因此,记者只能伪装成顾客或其他身份进入到这些场所,并且以暗拍设备进行影像记录。

不过,并不是所有记者使用公开采访的方式无法取得的素材和信息都需要采用隐性采访的方式,比如那些涉及到明星隐私的新闻则没有这个必要了。虽然这些新闻对大众具有很大的吸引力,但是,这些题材会侵犯到法律中有关隐私权保护等问题,因此不适于采用隐性采访。

总的来说,使用隐性采访的新闻题材主要是那些危及到公共利益的重大新闻事件。新闻媒体作为社会公器,除了要向社会大众传递一些有用有利的信息以外,还要承担起对社会进行监督的责任,这就是所谓的社会责任。而这种社会责任最具体的表现,就是在处理危及公共利益的事件上,记者需要向大众曝光这些事件,以引起民众的注意,监督相应职能部门的工作,同时促进这些事件的妥善处理。而很多涉及到公共利益的事件,都是无法通过正常的采访获得的,使用隐性采访则成为了新闻媒体行使监督责任的有效途径。

2. 采访的非公开性

19世纪30年代,美国《纽约世界报》著名女记者勒丽·蓓蕾听说了勒克维尔岛疯人院虐待患者、侵犯人权的事情,于是装疯卖傻,把自己乔装成为一名"疯子",让人们把她当成疯子送进该疯人院。勒丽·蓓蕾在疯人院呆了几个月,亲身体验了疯人院的生活,在经历了一次又一次的虐待,了解到疯人院虐待患者的真相后,设法逃出了疯人院,并将疯人院的内幕公之于众,在社会上引起强烈关注。这可以说是世界上最早使用隐性采访的例子。而从这个案例中我们可以看出，除了新闻题材的特定性，隐性采访最显著的特征就在于其"隐"，而这个"隐"又包括了三个方面的内容：记者身份的隐蔽性、采访目的的隐蔽性、采访方式的隐蔽性。

第一，记者身份的隐蔽性。这是指记者在进行隐性采访时，不向采访对象透露自己的真实身份，或是以其他的身份接近采访对象。在勒丽·蓓蕾采访疯人院这个案例中，如果记者不隐瞒自己的身份，则不可能进入到疯人院中进行亲身体验，而如果记者使用自己正常的身份进入疯人院采访，也可能无法得到这些内幕信息。因此，勒丽·蓓蕾使用了神经病人的身份进入到疯人院，将自己真实的身份藏匿起来。记者身份的隐蔽性，是隐性采访最重要的特征。

第二，采访目的的隐蔽性。记者进行隐性采访，主要是为了揭露一些组织和个人所进行和实施的一些危及到社会公众利益的事情，这些事情的公布，必然会使得这些组织和个人的利益受到损失，因此在采访中，记者不能够将自己采访的目的告诉采访对象，否则记者的采访将可能受到阻碍和破坏而无法继续进行。而由于记者在进行隐性采访时，已经将自己的记者身份隐藏了起来，因此记者前来的目的自然也不会为采访对象所知。

第三，采访方式的隐蔽性。由于隐性采访涉及到相关组织和个人的利益，为了维护这些利益，这些组织和个人一定会极力阻止记者的采访活动，而记者的采访活动如果暴露的话，记者的人身安全也会受到一定的威胁。记者以隐瞒身份的方式接近采访对象，则采访的方式也必然应该有所隐蔽，以免被采访对象发觉记者的真实身份和目的，给记者的采访活动和人身安全带来危险。采访方式的隐蔽性主要是指采访工具、采访方式不被采访对象发觉。在隐性采访中，文字记者的采访比摄影（摄像）记者的采访安全性和隐蔽性高很多，文字记者可以通过对话、观察、倾听来了解自己希望得到的内容，而摄影（摄像）记者需要拍摄到相应的画面，则需要将拍摄工具隐藏起来。

3. 采访会带来一定的争议

根据英美人的一种法律传统，程序正义被视为"看得见的正义"。"看得见的正义"是指一个案件不仅要求结果正确、公平，而且还应当让人感受到判决过程的公平性和合理性。换句话说，司法机构对于某个案件的裁判结论，如果要得到人们普遍认同的话，就必须确保判决过程符合公正、正义的要求。而隐性采访正如司法审判，即使结果是正义的、令人信服的，但取得结果的方式如果不"正义"的话，则还是难以令人信服。隐性采访的过程却正是"以隐采隐"，是用不告知采访对象的手段来获取有关采访对象的不可告人的信息。因此可以说，隐性采访的过程是通过非正义的手段获得的，是用欺骗采访对象的手段获得的，结果也必然在"程序正义"上受到质疑。记者使用隐性采访的方式来获取相应素材的手段，应当是有所限制的，不能遇到任何问题都采用隐性采访，如果能使用正常的采访途径获取新闻信息，就绝不使用隐性采访来采集相关的新闻内容。

第二节　隐性采访的操作

虽然隐性采访目前在法律和道德上仍然存在不少的质疑，但是隐性采访毕竟是记者在无法取得那些涉及公共利益事件的素材的情况下所被迫采用的一种采访方法。在我国，隐性采访的使用仍然非常广泛，在很多情况下，甚至是一种非常行之有效的采访方法。

在第一节中我们谈到了隐性采访的非公开性的特征，记者要取得较好的隐性采访的结果，并且确保在采访中能保护好自己的人身安全，就需要将这个非公开性的特征发挥好，具体的操作包括以下几个方面：

1. 隐瞒身份和目的的方法

在隐性采访中，记者要使采访对象无法发觉自己的目的，首先应该使自己"隐身"。这个"隐身"的方法包括两种：一是不让采访对象发现记者的存在，二是以非记者的身份接近采访对象。

不让采访对象发现记者的存在，是比较安全的一种隐瞒身份和目的的方法。例如记者如果要采访某个市场小偷猖獗的情况，不可能亲自去采访小偷本人，但是，记者可以通过观察小偷的衣着、动作、言语等来进行采访观察。

以其他身份接近采访对象是记者进行隐性采访最为常规的办法。有这样一则新闻：在云贵交界处曾经发现过贵州龙的化石，而当地的村民自己偷偷开洞挖掘恐龙化石，然后再将恐龙化石以低廉的价格卖给一些收购恐龙化石的公司。村民自己挖掘恐龙化石，会对恐龙化石的完整性造成破坏，而且是属于违法犯罪行为。记者前往该地采访了解偷挖恐龙化石的情况，必然会对村民的利益造成损失，村民自然也不允许记者的介入。而记者要进入到挖掘恐龙的洞穴里，想要通过偷拍手段得到洞穴里的情况也不太容易，因为洞穴太暗而没法拍到清晰的图片。在这种情况下，记者只能隐瞒自己的身份进入到洞穴中进行采访。经过考虑，记者决定将自己的身份化为昆明某开矿公司的员工，告诉村民自己所在的公司想要收购村民挖掘的恐龙化石，但自己想要进入到挖掘恐龙的洞穴里查看一下化石的情况，以决定是不是要收购。村民看到有人愿意来收购化石，于是欣然同意记者进入到洞穴中。但在记者拿出相机来进行拍摄的时候，一些村民还是起了疑心，询问记者作为开矿公司的员工为什么会有那么专业的相机，于是记者就告诉村民他们是为了拍摄到比较清晰的照片，方便回去给老板看。经过这一番的隐瞒和解释，村民对记者放松了警惕、解除了怀疑，记者也因此得到了较为全面的信息，同时在不用隐藏采访工具的情况下拍到了比较清晰的现场照片，为新闻报道提供了强有力的图片佐证，使得新闻的真实性得到加强。

记者以其他的身份进行采访，编造的身份必须要合情合理，否则还是会被采访对象怀疑。但是，以欺骗的手段进行采访，是导致隐性采访被诟病的最主要原因。因此，这种方式必须慎用。

2. 隐藏采访工具的方法

在前文中已经提到，在隐性采访中，摄影（摄像）记者实际上比文字记者的采访工作要危险很多，文字记者可以通过观察、倾听、对话等方式来进行采访了解，而摄影（摄像）记者的工作需要有相应摄影（摄像）工作的辅助才能完成。因此，在隐性采访中，隐藏采访工具主要是指隐藏影像记录工具。

在条件允许的情况下，为了摄影（摄像）记者的人身安全考虑，最好使用秘拍工具来采访。秘拍工具一般体积较小，便于记者隐藏起来，或是将影像记录工具做成其他物品的形状，如打火机、车钥匙等，以蒙蔽采访对方，使其不会注意。但是，在实际的工作中，一般的媒体都不会配备这些秘拍工具，摄影（摄像）记者在进行隐性采访时还是只能使用普通的拍摄工具，记者可以优先选择体积比较小的卡片机或录像机，在没有体积小的机器的情况下，记者就需要将自己平时所使用的拍摄工具隐藏起来。比如，能够在较短时间内完成的采访中，记者可以将相机（摄像机）藏在衣服里面，将衣服抱在手上，以方便控制相机（摄像机）的快门和开关，而需要在较长时间里才能完成的采访，记者可以专门制作一个包，如在普通的包上剪出一个缝隙来露出镜头。而在数码技术不断发展的情况下，普通手机的拍摄效果也越来越好，在迫不得已的情况下，记者也可以使用手机来记录一些重要和关键性的影像。

此外，隐藏采访工具的时候，摄影记者还应该特别注意闪光灯的使用。闪光灯在拍摄的时候会有强烈的侵入性，在不适用的场合使用闪光灯，也会让采访对象发觉到记者的身份，因此要尽量避免闪光灯。同时，目前大多数的单反相机都会产生快门声，这是生产商为了杜绝偷拍行为而专门设置的，而且这种快门声无法消除。摄影记者在拍照时，就要设法掩盖住快门声，否则将会暴露记者的身份，这就需要文字记者在一定时候注意配合摄影记者的工作，如摄影记者在拍照时，文字记者可以大声说话，或者故意咳嗽等等。当然，这些东西都需要文字记者和摄影记者长期配合产生默契。

第三节 隐性采访的道德法律困境与规避

隐性采访在实际的新闻工作中具有可操作性，但是在法律与道德上，却始终存在着争议。在各国的法律与新闻职业规范中，均有相应的条例来限定隐性采访的使用范围。

一、隐性采访的道德法律困境

隐性采访是在采访对象不知情的情况下收集信息的方式，因此，这种手段是具有欺骗性的。在很多国家的新闻职业道德规范中，都对记者采访方式有所限定，如德意志新闻出版委员会1973年制定的新闻界规范第四条中规定：在采集信息、信息资料和图片时不允许使用不正当的手段。日本新闻协会新闻伦理纲领中认为，媒体应该尊重人权，应对人类的尊严给予最高的敬意，尊重个人的名誉，保护个人隐私。而英国全国记者联合会的"行为守则"第七条也有规定：1.记者通常不应该通过虚假身份或欺骗获取或试图获取信息或图片；2.除非涉及公共利益，（记者）不得在未获得主人明确同意的情况下拿走文件或图片；3.只有在涉及公共利益，或无法通过任何其他渠道获得材料的情况下，欺骗才有情可原。由此可见，在新闻行业内部，对隐性采访的操作也是存在争议的。

不过，隐性采访的道德困境更多的是和其法律困境相捆绑的。我国宪法第三十八条规定，中华人民共和国公民的人格尊严不受侵犯。人格尊严，是指公民所具有的自尊心以及应当受到社会和他人最起码的尊重权利。1995年最高人民法院在《关于未经对方当事人同意私自录制其谈话取得的资料不能作为证据使用的批复》中就有规定：未经对方同意私自录制的谈话录音资料，不具有合法性，不能作为证据使用。而2002年

4月1日《最高法院关于民事诉讼证据的若干规定》中也规定：在民事诉讼中，有其他证据佐证并以合法手段取得的，无疑点的视听资料或者与视听资料核对无误的复印件，对方当事人提出异议但没有足以反驳的相反证据，人民法院应当确认其证明力。同时，最高人民法院的最新司法解释是：过去偷偷录一概不予采用，现有两种情况不采用：一是偷拍偷录违反了法律的明文规定不予采用；二是偷拍偷录侵犯了他们合法利益，违反社会公共利益和公德的不得采用。由此可见，在我国的相关法律中，对于隐性采访事实上是持反对态度的。而这种反对态度的存在原因，主要是出于对人格权的保护。

首先，隐性采访的核心和实质问题是采访权的问题。我们目前还尚未颁布新闻法，记者采访权来源的主要依据是根据宪法中对表达自由权利的保护。但是，在很多情况下，采访权可能与个体的人身权利产生冲突，而这一点在隐性采访中就表现得更为突出。同时，每个人都有独立的人格权利，人格权利包括了生命权、健康权、姓名权、肖像权、名誉权、荣誉权、婚姻自主权等权利，每个具有独立人格权的个体都自主决定是否公开以及如何向社会公开展现自己的行为和形象。因此，记者在使用拍摄、录音这样的信息收集手段时，必须要将尊重和维护采访对象的这些人格权利考虑在内。

在隐性采访中，主要涉及到的侵害的人格权利是肖像权和名誉权。肖像权是指自然人对自己的肖像享有再现、使用并排斥他人侵害的权利，也就是自然人所享有的对自己的肖像上所体现的人格利益为内容的一种人格权。《中华人民共和国民法通则》第一百条规定："公民享有肖像权，未经本人同意，不得以营利为目的使用公民的肖像。"而名誉权是指公民或法人保持并维护自己名誉的权利。《中华人民共和国民法通则》第一百零一条规定："公民、法人享有名誉权，公民的人格尊严受法律保护，禁止用侮辱、诽谤等方式损害公民、法人的名誉。"凡败坏他人名誉，损害他人形象的行为，都是对名誉权的侵犯，行为人应负法律责任。公民的肖像权和名誉权受到侵害时，公民有权要求停止侵害、恢复名誉、消除影响、赔礼道歉。记者在进行隐性采访时，很多时候都需要使用相机（摄像机）采集采访对象的影像，以使新闻报道更具真实性和现场感，并以此吸引更多受众的关注，这就不可避免地可能侵犯到公民的肖像权和名誉权。

除了肖像权和名誉权以外，隐性采访还容易侵犯采访对象的隐私权。在我国现行法律中，只有《侵权责任法》第二条中涉及到了隐私权："侵害民事权益，应当依照本法承担侵权责任。本法所称民事权益，包括生命权、健康权、姓名权、名誉权、荣誉权、肖像权、隐私权、婚姻自主权、监护权、所有权、用益物权、担保物权、著作权、专利权、商标专用权、发现权、股权、继承权等人身、财产权益。"而对隐私权的具体适用范围及其他相关的内容却没有更多的规定。但是，随着社会生活的不断发展，隐私权还是受到了越来越高度的重视和关注。根据其他国家法律中对隐私权的界定可以看出，隐私权作为一种基本人格权利，是指公民"享有的私人生活安宁与私人信息依法受到保护，不被他人非法侵扰、知悉、搜集、利用和公开的一种人格权"，并且，权利主体对他人在何种程度上可以介入自己的私生活、对自己是否向他人公开隐私以及公开的范围和程度等都具有决定权。虽然目前我国的法律对隐私权的范围并不完善，但是在国内外所讨论的隐私权中，提及到的内容包括了以下内容：未经公民许可，公开其姓名、肖像、住址和电话号码；非法侵入、搜查他人住宅，或以其他方式破坏他人居住安宁；非法跟踪他人，监视他人住所，安装窃听设备，私拍他人私生活镜头，窥探他人室内情况；非法刺探他人财产状况或未经本人允许公布其财产状况；私拆他人信件，偷看他人日记，刺探他人私人文件内容，以及将他们公开；调查、刺探他人社会关系并非法公诸于众；干扰他人夫妻性生活或对其进行调查、公布；将他人婚外性生活向社会公布；泄露公民的个人材料或公诸于众或扩大公开范围；收集公民不愿向社会公开的纯属个人的情况。由此可见，隐私权所涉及的范畴，与前面所提及的肖像权和名誉权有着一些重合和补充的地方，但是都无一例外地对隐性采访的操作有了一定的限制和阻碍，这也说明事实上法律对于隐性采访是持反对态度的。

二、记者如何规避隐性采访的道德法律风险

出于对公民的人格权和隐私权的保护，法律上对隐性采访就有着众多的限制。但是，隐性采访作为新闻采访中行之有效的一种方法，除了有利于记者获得客观、真实的第一手资料以外，也是媒体行使监督权的重要方式，是新闻媒体履行社会责任和义务的必要途径。同时，隐性采访还容易满足和切合受众的心理，实现媒体经济利益和社会利益的双赢。那么，记者在隐性采访中，应该如何规避道德法律风险呢？

1. 切记隐性采访只能是采访的辅助手段，是在万不得已的情况下才可使用的。

隐性采访的使用范围应该是受到限制的，记者不能遇到任何题材的时候都只会使用隐性采访的方式去获得新闻素材，那些可以通过正常途径取得的新闻就没有必要使用隐性采访。与正常的新闻采访相比，隐性采访受到了道德和法律的限制，而记者在工作中实际上也很难把握好这个界限，一不小心就会导致侵权行为的发生，就可能给记者本人和媒体带来一系列的官司和名誉损害。如2006年，香港女子演唱组合Twins在马来西亚表演，成员阿娇在后台换衣时，被《壹周刊》记者安装的针孔摄影机偷拍，并将其换装的照片刊登在杂志封面和内文上。后来Twins组合将《壹周刊》告上法庭，法院裁定《壹周刊》偷拍明星隐私及公布偷拍照片行为属于违法，并称此举是一种不负责任的下流行为。因此，隐性采访只能是采访的辅助手段，是在记者无法通过正常采访获得相应的材料时迫不得已的方式。

2. 公共利益。隐性采访题材的一个限制，即使用隐性采访的题材必须是与公共利益相关的，是切实为了实现大多数公众的权利、保障大多

数公众的利益。上面所提及到的《壹周刊》偷拍明星的行为就不是为公共利益服务的,而仅仅是为了博取受众的眼球,为杂志赢得销量和经济利益。韩国报业伦理委员会报人行为准则中表示:"除非为公众着想,不作损害私人名誉的报道;除非和公益有关,不报道或评论个人私生活。"而国际新闻道德信条草案第三条也认为:"个人的名誉应予以尊重,有关个人私生活的消息与评论,可能损及个人名誉时,并非有助于公共利益,而仅仅是迎合公众好奇心理者,则不应该发表。"

3. 公共场合。在西方有一句谚语:"私宅就是一个城堡,风可以进,雨可以进,国王不可以进。"记者不是警察,不能够进入到采访对象的私人生活场合,而擅自闯入采访对象的私人生活场合,也是对采访对象权利的侵犯。所以,隐性采访的场合选择,最好是在公共场合。正如在一些人群密集的场所存在的盗窃行为等,记者就可以在暗处进行拍摄。

4. 不能预先审判。记者不是法官,不管采访对象是不是真的存在有违法犯罪行为,在法院判决之前,记者都应该视其为无辜者。因此,就算是记者采访和拍摄到了采访对象违法犯罪的可靠证据,在媒体上刊登出来时,都应该对采访对象的姓名、形象、声音等信息进行相应的技术处理,使其不可辨识。不可在报道的文字或标题上采取片面的和先入为主的立场,对其使用"小偷"、"罪犯"等称呼,也不能在司法定性之前对公众的判断进行有意的引导。这些要求,也是对采访对象的个人权利的保护,尤其是对青少年的违法犯罪行为,记者就更应该切记维护这些采访对象的法律权利。

第十六章
各类新闻内容的采访

第十六章 各类新闻内容的采访

新闻报道内容包括了时政新闻、法制新闻、经济新闻、卫生新闻、科技新闻、社会新闻、体育新闻和娱乐新闻等数个类型,这几个类型的新闻大致涵盖了社会上发生频次最高的新闻信息,也是目前媒体和受众主要关注的资讯。虽然媒体一般会针对不同的新闻内容而指定不同的跑口记者,也就是说,一个记者一般情况下只会跑某一个类型的新闻,但对这几类新闻内容采访技巧有着全面的把握也是非常必要的,这能够让记者面对不时之需,也能提高记者个人的综合能力。这几类新闻内容,有一定的相同点,也各有其较为特殊的采访技巧。

根据"软硬新闻"的理论,可以将这几个类型的新闻内容分为"硬新闻"和"软新闻"两类。简单地说,"硬新闻"是指题材较为严肃的新闻,这类新闻着重于思想性、指导性和知识性,并且,"硬新闻"对报道时间的要求极为严格。而"软新闻"则是指题材较为轻松活泼的新闻,这类新闻着重于激发受众的情感、刺激感官,因此具有较强的人情味,对时间的要求不是特别紧迫,不需要今天采访明天就要报道。

不过,虽然有着"硬新闻"和"软新闻"的差别,但在实际的新闻操作中,这两者却往往有着较多的交叉和重合的地方,为了吸引读者,降低新闻报道"硬邦邦"、"冷冰冰"的感觉,一些"硬新闻"会被处理得很温和、很有人情味,而为了使一些新闻更能引发受众的关注和重视,同时该新闻对报道时间有严格的限制,一些"软新闻"则会处理得较为严肃。因此,这两者的差异不能一概而论,还是需要记者在工作中慢慢探索实践和分辨。

第一节 "硬新闻"采访

在前面讲到,"硬新闻"强调时效性,且题材一般都较为严肃。因此,时政新闻、法制新闻、经济新闻、卫生新闻、科技新闻等新闻内容都可以划归到"硬新闻"的范畴内。

一、时政新闻采访

时政新闻是目前媒体新闻中最为重要也是涵盖面最广的新闻内容之一。时政新闻涉及到各党派团体以及各级政府行为、政策等方面的新闻讯息,不仅仅关系到国家的大政方针、社会发展趋势等宏观方面的趋势,事实上,它也直接关系到百姓的切身利益。因此,时政新闻在报纸、电视、广播的报道中,都是占据了最重要的版面和"黄金时段"的新闻题材。同时,时政新闻报道得好坏与否,不仅仅是对政府工作进行总结评价的一个途径,也是保障公民知情权的一个重要方面。

第一,保证舆论导向的正确。

1994年,江泽民在视察《人民日报》时首次提出了舆论导向的祸福论,指出:"舆论导向正确,是党和人民之福;舆论导向错误,是党和人民之祸。"由此可见党和国家对于舆论引导的重视,而保证舆论导向的正确,在时政新闻报道中也就显得尤为重要。因此,记者在采访时政新闻时,除了使用新闻通稿上所提供的信息以外,还应该多与不同的分管领导交流沟通,从不同的侧面来对同一个新闻事件进行全方位的了解,使时政新闻报道不再是千篇一律的样子,还能够推陈出新,让受众耳目一新。同时,记者在进行采访时,还要与媒体同行多交流,核对信息,互通有无,保证新闻信息的正确性。对于一些模棱两可的信息,记者应该秉承稳重的原则,坚持审读原则,或者再三核查,不能为了抢独家、抢眼球而冒险报道,对受众产生误导,也对党政工作造成负面影响。

第二,保证报道的上下结合。

记者在政府的新闻发布会等途径获得的信息，大部分都是一些政策、方针上的内容，这些内容一般来说都比较空泛，都是宏观层面上的指导性意见，而没有切切实实地落脚到市民所关注的微观层面上来。这样的报道不但不具有可读性，而且一些政策上的内容对普通市民来说也比较艰涩难懂，很难吸引受众的注意。所以，记者在报道时政新闻时，还应该注意将这些政策、方针等内容与普通群众的生产生活联系起来，让这些内容可以"落地"，也能够真正起到切实、可靠的指导百姓生活的作用。

　　第三，抓住细节，使时政报道更生动活泼且具有吸引力。

　　细节是使新闻具有生命力的一个重要因素，可以使枯燥的时政新闻报道变得生动起来，也使得时政新闻变得更具可读性，更贴近市民生活。在我国，很长一段时间里的新闻报道中的时政新闻，都是扮演着"说教者"的角色，而不是一个"倾诉者"。细节的呈现可以让时政新闻不再是一副冷冰冰、高高在上的样子。如在云南省两会期间，《都市时报》在专栏"两会花絮"中有这样一篇短小的文章：

　　经过一上午激烈的讨论，文艺体育界讨论小组的部分委员，在午饭后早早来到了会场，集体打起了太极拳。

　　只见委员们一个接一个，缓慢地变换动作，互相纠正不到位的地方，甚至还就目前国民身体素质下滑，讨论起如何制定一份"鼓励全民健身，共创和谐昆明的提案"。

　　"既可以锻炼身体，又可以打发中午的时间，还给我们创造了交流机会，何乐而不为呢？"一位委员开心地说。

　　这个新闻将政协委员们在休息时间的一些活动做了细节上的简单描写，让市民们看到这些委员原来并非高高在上的人，其也有着与普通百姓相似的一面，是活生生的、有血有肉的人，而"两会"也不再是遥不可及的一个神秘殿堂。这种细节的呈现，也为时政新闻的报道开辟了另外一个可供借鉴的领域。

　　第四，注意采访后的审读。

时政新闻承载着将党和国家的政策、方针、决议等传达给普通百姓的重大责任，也是一个政党和政府形象的窗口，因此，在报道时政新闻时，要尽量避免任何一点微小的差错。记者除了在采访时要细心仔细以外，在采访写作之后，也应当坚持审读的原则，将写好的稿子交给相关的领导或负责人审阅和批复。

第五，在日常生活中保持与相关部门的联系。

时政新闻的素材不能全部依靠政府的新闻发布会来获得，记者平时就应该与政府的相关职能部门保持密切的联系，在这些职能部门中建立起自己的"线人"，通过这些"线人"，记者能够及时了解到政府相关职能部门的动态信息和相关的工作情况。

二、法制新闻采访

法制新闻是指与法律制度、法律实施、法律监督等一系列法制活动和过程相关的新闻报道题材。法制新闻的报道，应该遵循一些相应的原则。

第一，将法制新闻的专业性与故事性结合起来。

法律总是给人以冷冰冰、硬邦邦的印象，这当然与法律所要秉承的严肃、专业、专注的精神相一致，但是在大众传播中，这样的形象却不利于传播法律知识，也无法对违法犯罪行为起到威慑作用。而要将法制新闻更好地报道出去，让受众更好地接受这些报道，讲故事就是一个很好的方法，例如这篇名为《宠物狗产仔丧命　主人索赔21万》的新闻报道：

……

2006年9月8日，杨忠林夫妇从昆明和气犬舍买来一只仅有72天的黑松狮犬。

这只小黑松狮犬在2006年8月昆明首届世界名犬赛上力压群雄，夺得幼犬组冠军，也正因为如此，他买这只小狗花75000元！

2007年初，小黑松狮怀孕了，杨忠林夫妇对它更是呵护备至，隔三差五就要带着它到宠物医院去做检查，"B超检查说有4只小狗！"4月19日夜里，小黑松狮在家中成功分娩了第一只活仔犬。可到了第二只就出现难产现象，随即他们把小黑松狮带到了定期检查的这家宠物医院。

"当时狗的情况相当紧急，我们告诉他如果手术或许有希望，如果不做手术必死无疑！"兽医李某说，当时杨忠林提出要求取活狗仔，在告知了手术风险后，诊所里的两名兽医马上为黑松狮做剖腹产手术。经过手术，卡死的幼仔成功取出，另外的2只也成功存活，杨忠林带着小黑松狮和两只幼仔高高兴兴回了家。

然而，就在小黑松狮产仔后的第8天，杨忠林夫妇发现其伤口处有液体流出，之后小黑松狮发起了高烧。经过救治，小黑松狮最终还是在5月2日下午死亡了，死因是产后感染，中毒休克，"母犬死后，3只幼犬中的两只因拒绝吃其他乳汁，也被活活饿死！"

……

看着自己的爱犬几乎"灭门"，在协商无果的情况下，去年8月21日，杨忠林一纸诉状将宠物医院的两名兽医李某、乔某告上法庭，要求二人赔偿各项损失共218391.22元，其中小黑松狮的价值为16万，两只幼仔的价值为5.2万元。

法庭第一次开庭审理此案时，双方申请法院对狗的价值进行鉴定。昨天开庭后，法官宣布：天禹司法鉴定中心接受委托后，给法庭回函"因我中心鉴定范围是对人体进行鉴定，关于动物方面的鉴定无相关鉴定标准参照，故我中心无法按要求完成鉴定，特作退鉴处理"。

因鉴定中心无法对狗进行鉴定，昨天的庭审中，举证责任分配、医疗行为有无过错、狗价格评估再次成为争议焦点。

……

虽然说法制新闻可以软化为故事，但并不是说法制新闻报道就要像故事小说一样，只要娱乐受众就行了，毕竟法律是一个严肃的事，因此，法制新闻的报道还应当特别注重专业性，不能以牺牲新闻的真实来换取故事的精彩。要注重专业性，也就是说记者在采写过程中，对于专业的法律知识、法律概念、法律实施过程等，都应该保持严肃认真的态度，不能出现疏漏和错误，以防止误导受众的情况发生。

第二，坚持以人为本的报道原则。

以人为本，就是应当将人的价值放在第一位，关注人的活动、人的精神生活、人的欲望需求等。在法制新闻采访中，记者也应当将这些精神贯彻。总的来说，在法制新闻采访中，坚持以人为本的报道原则，主要包括了以下几个方面的要求：

首先，保证报道的平衡性。在药家鑫案件的新闻报道中，一些新闻媒体的报道受到了广大受众的诟病，就是因为记者在报道过程中出现了严重的倾向性和偏差。在某媒体的报道中，记者采访了药家鑫的家人、律师、法院、相关群众，却独独没有采访受害者张妙的家人。因此，很多网民认为记者及其媒体可能是被药家鑫家人收买了，媒体的公信力受到了极大的挑战。在这里，我们不讨论其中是不是真的出现妨害司法独立和司法公正的情况，但记者这样的不平衡的报道，的确很容易引发受众的揣测和怀疑。因此，在法制新闻采访中，记者应该兼顾不同利益方，采访了受害者，也要采访犯罪嫌疑人，让报道不存在多多少少的倾向，保证新闻和法制的公平和公正。也就是说，即便是出现了明显的好坏对错，记者也应当坚持自身的独立性和中立态度，不能带着自己的情绪和价值倾向去进行采访报道。

其次，避免血腥、暴力、色情等报道内容。媒体作为社会公器，承担着一定的社会责任，这个社会责任里面就包括了媒体必须要对自己所呈现的内容负责，以纯净社会环境，保证价值观的正确性，保障青少年成长环境，杜绝低俗内容和血腥暴力内容对人的感官刺激。正如世界新闻史上著名的"黄色新闻"时期，赫斯特的《纽约新闻报》与普利策的《世界报》之间为了竞争，大量刊载标题如《杀死小贝西的神秘凶手》、

《是什么使他偷窃？埃德加·萨尔特斯关于纽约生活的写真》《凶手投案，要求处以绞刑 触目惊心的供词》等描写犯罪、色情、凶杀等耸人听闻、煽情性的新闻报道。虽然作为法制新闻，其中肯定会涉及到一些凶杀、强奸等案件，但记者必须要谨记，不能以窥私欲、好奇心为借口来生产一些具有一时轰动效应和吸引眼球的新闻报道，这也是维护媒体公信力、体现媒体的社会责任的重要方面。

最后，不要侵扰悲痛。这一点在灾难新闻报道中已经涉及到了。需要补充的是，记者在报道法制新闻时，不侵扰悲痛的对象，不仅仅是受害者方面，也应该顾及到犯罪嫌疑人一方。在2004年马加爵事件发生后，有媒体报道了马加爵父母向其他四个受害者父母谢罪的事件。在这个新闻中，记者以一种冷眼旁观的态度来记录马加爵父母谢罪的全过程。有学者评论这个新闻报道时，表示记者已经丧失了基本的人性，呈现出来的冷漠令人震惊。这种无声的侵扰，是媒体良知的丧失，也会对犯罪嫌疑人一方的家人造成一定的伤害。

第三，不能损害正常的司法程序。

在德意志新闻出版委员会1973年制定的《新闻界规范》的第十三条中有这样一句话："对于法院的判决，如果没有重大的理由不应在法院正式宣判以前抢先报道。"由此可见，对于法制采访来说，最好是在相关的案件结案之后才予以公之于众。这一点要求，主要是由于媒体对于相关法制新闻的报道，可能会损害到正常的司法程序。首先，媒体对于相关案件的报道，也有可能会为违法犯罪人员提供公安、法院、检察院方面的线索，使其能够采取相应的防备措施。其次，媒体对于相关案件细节的报道，可能会对一些尚未实施违法犯罪行为的人员提供一些技术上的参考和指导，给法制工作的施行增加困难。最后，媒体过早介入到法制新闻中来，可能带来媒介审判的情况，妨害到司法公正。

第四，避免媒介审判的出现。

在法制新闻采访中，记者最容易犯的错误就是进行媒介审判。媒介审判是相关司法机关在履行正常的司法程序过程中，媒体超越该司法程序，对某个案件或某个嫌疑人进行先在性的判断甚至是定罪。媒介审判是媒体市场竞争的产物，也是媒体"越权"的主要表现之一，它损害了法治的精神，也损坏了媒体作为社会公器的形象。在我国比较著名的例子就是当年的刘涌案。在刘涌还没有经过司法程序进行判决时，媒体就使用了"组织黑社会性质的犯罪集团"、"黑道霸主"、"黑帮"、"黑老大"一类的词语，事实上就已经为刘涌戴上了罪大恶极的死刑帽子。在刘涌被判决死刑之后，很多舆论认为这是法律、正义和舆论的胜利，但是也有很多法学家在进行理性的分析之后，认为媒体和舆论的声音事实上已经对法院的审判产生了干扰，在"不杀不足以平民愤"的情况下，刘涌就成为了不得不死的那个人，而还有法学家认为，根据现行法律来说，刘涌其实还是有罪不至死的可能。

在韩国报业伦理委员会1957年制定、1961年修订的《报人行为准则》中认为："犯罪报道，在法官判决前，记者应认为所有被告都是无辜的。"在德意志新闻出版委员会1973年制定的《新闻界规范》的第十三条也表示："报道悬而未决的调查过程和审判程序必须摒弃偏见。因此，新闻界要避免在法院审理之前或审理程序过程中在文字或标题上采取片面的和先入为主的立场。一个有嫌疑的人在法庭审判前不能将其视为罪犯。"由此可见，一个成熟而负责的新闻媒介，是必须避免媒介审判的行为出现的。而也因此，记者在报道法制新闻过程中，要避免使用"杀人犯"、"罪犯"、"罪该万死"等定罪性的词语，也不能在遣词造句中间对受众的判断进行干涉。记者唯一应该做的，就是客观、真实、平衡地展现事件，在相关司法部门进行判决之前，尽量避免对法制事件进行评论和判断。

三、经济新闻采访

经济活动是人类社会生活的基础性活动，从广义层面来说，所有的新闻都可以划归于经济新闻的范畴。但是，从狭义层面来讲，经济新闻主要是指关系人类经济生活中生产、流通、分配、消费等一切经济领域新闻的总称。

经济新闻在媒体报道中一直有着重要的位置，一般都会设有相关的专版、专栏等，如《经济半小时》等节目。从大的方面讲，我国正处于经济高速发展的时期，在加入了WTO以后，我国的经济发展又与国际经济形势休戚相关，因此，经济新闻报道事关国家的整体发展，也事关一个国家的经济安全和全局安全。从小的方面讲，由于经济新闻与人民群众的生活息息相关，是人民生活水平的重要衡量标准，也可为群众的理财、投资等提供有效的咨询，因此，经济新闻也会得到读者的高度重视，关系着媒体的社会经济价值。记者要做好经济新闻，应该遵循以下几个方面的要求：

第一，具备全局意识。

社会经济活动是一个"牵一发而动全身"的经济整体，不管是国际经济状况，还是国家某个经济措施的出台，或者是地方性经济调控政策的实施，都可能引起整体经济环境的变化。因此，经济新闻记者应该具备一定的全局意识，应该对当前的国际、国家、地方的经济状况和有关经济政策有一个清楚的概念，在这个大的经济背景下，寻找适合的报道突破点。例如，在2009年年初的国际经济危机中，昆明《都市时报》做了名为《昆明电影院票房逆市涨幅达40%》的报道：

"很喜欢看喜剧片，现在虽然处在金融危机之中，但是我相信喜剧会给人们一种乐观的心态，让人们看到希望。"3月3日中午，来自昆明某高校的大二学生小马与朋友，到新昆明影城观看了《行动目标希特勒》。去电影院欣赏大片是她课余时间的主要休闲娱乐方式，平均每周她都会看一到两场电影。

也许是金融危机中，人们更需要精神寄托，自去年爆发金融危机以来，许多行业都受到了不同程度的冲击，但是电影市场却保持了较为稳步的增长。

"电影市场没有受到太多影响,尤其是在 1 月份,全国的电影票房收入都很好,很多影院都创下了各自的票房纪录。"新昆明影城有限公司副总经理陈杰说。在今年 1 月份,新昆明影城的票房收入也实现了其成立 12 年来的历史最高纪录,整个月的票房收入接近 200 万元,观看电影的人数达到了 7 万人次。

离新昆明影城只有几百米远的昆明上影永华国际影城成立于 2007 年 12 月,和起初业内的担心相反,这条"鲶鱼"并没有抢走昆明老牌电影院的份额,反而共同把昆明电影市场的蛋糕越做越大。此前,其首推与招商银行合作的"刷招商银行信用卡,10 元看电影"活动备受昆明影迷追捧,高峰时期甚至需要排队三四十分钟才能买到电影票,在昆明掀起了一波"风暴",一定程度上扩大了昆明影迷群体。

据了解,昆明上影永华国际影城在去年全年一直保持了不错的票房成绩,去年 10 月的票房收入位居全昆明所有电影院之首,目前的票房较去年同期相比也上升了 40%-50%,1 月票房收入接近 150 万元,2 月也有大约 120 万元。

"1 月份全国电影市场火爆的原因主要是过春节。"陈杰解释说,电影具有很强的娱乐性,这契合了中国人过节的需求。同时,放寒假与新片档期的安排都是导致电影院票房上升的原因。

据悉,2008 年,昆明的电影市场票房收入大约上升了 30%-40%。有数据显示,虽然遭遇金融危机,但 2008 年,中国的电影市场票房收入高达 44 亿元,比 2007 年增加了 8 亿元,增长幅度超过 20%,这一数字还不包括二级院线和农村市场。

这篇报道采访了昆明几家电影院的负责人,不仅将昆明市场"群雄逐鹿"的局面展现了出来,同时还联系上了当年的经济危机的形势,从一片低迷的市场环境中开辟了不一样的景象。这就是在掌握了大的经济背景的情况下,不断寻找有供报道的点,以小见大,以一当百。

第二,具备经济专业知识。

经济新闻大多涉及到复杂的经济学专业知识，记者在采访这些经济讯息时，应该具备专业的经济眼光。首先，记者在采访经济方面的相关人士时，不能是以一个什么都不懂、什么都需要向对方请教的态度去采访，反而应该是有一个专业、专家的态度。而记者如果要求采访对象从零开始给记者补习经济知识，这不仅浪费采访对象和记者自己的时间，也会给采访对象造成一个不专业、不尽职的形象。遇到一些脾气比较急躁的采访对象时，还可能导致记者的采访工作无法继续进行。其次，只有记者对相关的经济知识有深入的了解时，才可能提出具有深度的问题，才能保证最后写出来的报道在思想上具备一定的价值。最后，记者具有相关的经济专业知识，才可以将复杂的经济现象和生涩的经济问题以平易近人、简单易懂的语言传递给受众。记者不能将受众看作是和自己一样甚至是和专家一样的人，在中国传统的报业思想中，认为媒体也有着"开启民智"的功用，因此，记者应该以最为通俗易懂的表达，将最为艰涩难懂的内容传达给受众，只有这样，才能达到信息传播的最大化，实现经济报道为群众生活服务的目的。

第三，具备动态的眼光。

经济活动永远都是一个不断变化发展的过程，因此，记者在报道经济新闻时，也应该具备这种动态的眼光，将自己的报道与动态的经济形势结合。记者可以从同一个事物身上入手，观察其在不同社会经济状况下呈现出来的不同特征。如记者可以调查同一个城市的菜价变化情况，通过这个小的方面，让受众看出整个经济大形势，也为居民的消费计划提供指导性意见。

在不断的对比报道中，受众能够清楚地感受到不断发展变化的经济形势。采用对比的方式来体现动态的经济过程，也是经济新闻报道的一个常用手段。

第四，采访应采用多种方式、多种手段、多种渠道进行。

记者不能将信息的全部来源依托于相关政府职能部门，记者也应该主动发掘信息，开辟更多的报道空间。一般来说，记者进行信息采集和发掘的方法主要包括了市场调查、市场分析和预测分析。市场调查是指记者针对某一个经济问题，运用科学的方法，有目的、有系统地搜集、记录、整理有关市场营销信息和资料，分析市场情况，了解市场的现状及其发展趋势，市场调查是与市场分析紧密结合在一起的。记者可以从所得出的市场数据中，得出该经济问题在市场中的表现形态，从而为进一步的预测分析做实证上的准备。与此同时，记者采用多种方式的采访方法，是取得第一手经济信息的可靠途径，而且也是进行独家新闻报道的主要方式。

第五，采访要不断地挖掘背景。

任何经济现象的发生都是建立在一定的社会背景之上的，记者要清楚地解释一个经济现象，就应该把与之相关的各方面因素挖掘出来，使整个新闻报道显得更为厚重和深刻。挖掘经济背景的方法，可以是向有关专家学者咨询、查阅相关经济年鉴和过期报纸、通过网络搜寻资料等等。而记者在长期的工作中，也应当尽量收集和保存常见的报道领域的一些资料，包括自己过去所写作的一些文本，将其归类保存，在一些必要的时刻，这些资料将能起到非常重要和关键性的作用。

第六，坚持"贴近生活、贴近实际、贴近群众"的"三贴近"报道原则。

经济报道虽然常常涉及一些较为复杂专业的问题，但是记者在采访报道过程中，还是应当将这些复杂专业的报道转化为简单、生动的语言，让受众能够以最直观的方式来接收记者所要传达的信息。例如在一篇关于黄金价格上涨的报道中有这样一段：

……

"从年初开始，黄金价格一直上涨，我们基本上每天都会调价。"昆明某珠宝店一名销售人员说。昨日，该珠宝店的足金价格为311元/克，千足金饰品价格为323元/克，千足金金条价格为300元/克，千足金摆件价格为376元/克。她表示，由于国际黄金价格不断攀升，这里出售的黄金价格从年初的 230 元/克—240 元/克开始一路走高，虽然年中的时候有一些波动，但基本上不影响金价上涨的大势。国庆节过后，黄金价格便突破了 300 元/克。相对于年初，黄金价格猛涨了 30% 以上。

而周大福珠宝的一名工作人员也表示"现在的黄金价格是一天一变动，几元几元地上升"。根据有关网站上显示，从 11 月 1 日到 11 日，周大福的饰品金价和金条金价也在不断上升，短短 11 天时间内经过了四次调价，饰品金价从 295 元/克上涨到 313 元/克，金条价从 285 元/克上涨到 300 元/克。由此算来，购买一千克黄金大约需要 32 万元左右，按照昆明有关部门最近公布的房屋均价，这个价格能够在昆明购买一套 70 平米左右的商品房。

……

文中比较聪明的一点处理是，记者将黄金价格与当前的房价进行了一个对比，这在房价问题受到高度关注的今天，能够迅速地抓住读者的眼球，给予受众比较直观清晰的认识，也让经济报道变得比较容易理解。

四、卫生新闻采访

卫生新闻是关系到群众生命健康及安全的重要新闻内容。虽然卫生新闻报道已经存在了很长时间，但有人认为，中国的卫生新闻是从 2003 年的"非典"报道才真正开始起步的。从 2002 年 11 月第一例"非典"病人被发现开始，到 2003 年 4 月下旬，在这将近半年的时间里，国内主流媒体对"非典"的报道数量非常之少，而且这些仅有的少量的信息也呈现出一种"息事宁人"的倾向。当人们发现自己身边的真实情况与媒体所报道的内容有很大的出入时，更多的谣言和流言就开始产生了，而媒体不解释说明，就更引起了全国范围内民众的恐慌。由此可见，卫生新闻的报道是否及时，时效性是否得到保证，真实性是否有所体现，对于整个社会的稳定和民心的安稳有着多么重要的作用。

因此，要使卫生新闻的报道真正落到实处，记者在进行卫生新闻采访时就应该注意采访中的一些事项：

第一，卫生新闻报道一定要重视真实性。

重大卫生事件都是发生在普通百姓身边的，老百姓对于这些卫生事件的严重程度、波及范围等都会有着切身的感受，因此，如果媒体上所报道的内容与群众所感受到的情况出现偏差，很容易会导致更大范围的谣言盛行。而媒介如果想在后期将这些前期造成的影响扭转的话，也会比较困难。同时，重大卫生事件都是切切实实关系到普通百姓的健康和生命安全的，媒体这时候必须要明白自己身上所承担的社会责任，稍有不慎，可能酿成严重的后果。真实是新闻的生命，对公共利益负责是新闻媒体的责任。在新闻真实性得不到保障的时候，新闻媒体的公信力将受到重大的打击，会造成受众对媒体的排斥和反抗，也使得整个社会稳定无法得到保障。

第二，重大卫生事件要进行跟踪报道。

像"非典"这样的重大卫生事件，持续时间之长，影响范围之广，都是让人触目惊心的。卫生新闻记者在报道这些重大卫生事件时，一定要重视不断地跟踪报道相关发展变化的情况，随时向有关卫生监管部门求证，随时向公众发布重大卫生事件的最新状况。

第三，重视卫生报道的时效性。

在前面讲到"硬新闻"的典型特征时，就已经提到了"硬新闻"是非常注重时效性的，而在这其中又以卫生新闻为甚。卫生事件的发生发展一般都是不受人们主观意识控制的，它遵循着其客观科学的规律，而很多卫生事件的复杂性和变化性又是极大的，难以监控的。在发生了相关的卫生新闻时，记者需要在第一时间报道出来，以占据报道的主动权，不至于在这些事件发生变化时有措手不及之感。再则，卫生新闻事关普通百姓的生命健康安全，及时地向群众报道有关情况，是对公众知情权的维护，也是媒体社会责任的体现。

第四，国家大政方针要吃透。

国家对于相关的卫生新闻都有着一些明确的政策方针的规定。卫生记者想要做好报道，就必须将这些大政方针吃透，以这些政策方针来指导自己的工作，避免犯一些违背国家规定的错误。在这其中，记者要特别注意的是对计划生育新闻的报道。

《人口与计划生育法》中明确规定："国家稳定现行生育政策，鼓励公民晚婚晚育，提倡一对夫妻生育一个子女；符合法律、法规规定条件的，可以要求安排生育第二个子女。具体办法由省、自治区、直辖市人民代表大会或者其常务委员会规定。少数民族也要实行计划生育，具体办法由省、自治区、直辖市人民代表大会或者其常务委员会规定。"这条规定，是目前我国计划生育政策的法律支持和来源。记者在采访计划生育新闻时，尤其是在对外宣传时，要特别注意宣传生存权和发展权是最基本的人权，而我国制定计划生育政策，其最终目的是为人类自身的再生产服务。而计划生育的成绩大小，不能单以所控制的人口数量来论断，记者不能在报道中误导受众的判断。再则，在我国的传统文化中，重男轻女一直是长期存在着的一个落后思想，计划生育的报道，不仅要宣传先进的生育观念，还应该对这些封建思想进行一定批判性的反思，让人们破除这些封建糟粕的思想，使社会观念取得更大的进步和发展。

第五，以关怀之心报道人性光芒。

在卫生新闻采访中，记者还应当以人文关怀之心去关注人性的光芒，展现人们在面对生命、面对生死之时最真实、最淳朴的思想状态和情感体验。这样的新闻报道，不仅是将卫生新闻"硬"化"软"的途径，也能够触动受众的感情，使受众能够深刻地领会和反思自身，体会人性的真实。《都市时报》在报道云南非盈利肿瘤防治组织时，就采用了故事性的讲述，让受众融入到新闻人物的生活和思想中去，更能打动受众。

周昆（化名）穿着红毛衣出现在大家眼前时，很多人都会被她开朗的性格吸引。为了压住左边的义乳不移动，大热的天，她还要穿上毛衣。

周昆在54岁那年的一天，在洗澡时发现左边乳房有一个麻将大小的肿块。去医院一查，才知道是乳腺癌。

"到底治不治，不老不小的？"得知病情的周昆非常矛盾。"不做手术，不只活不了，还很痛苦；做了，活得容易些。周昆迟迟拿不定主意。

医生告诉她，做了手术至少还能活5年，而且她的癌细胞并没转移。周昆决定做手术，但她也没抱多大希望。手术前，她给所有亲属说："我走了，请不要跟医生吵架，他们已经尽力了。"

手术台上，周昆要求医生不要把伤口割得太大，虽然年纪大了，但她还记得年轻时因为身材好，南屏街时装店老板请她做模特的事。她不想让自己身上留下太触目惊心的创口。但她的期望不得不面对残酷的现实，由于肿瘤体积太大，创口绝对小不了。面对现实，周昆只能选择把肿瘤清除干净。

如今，周昆的左腋下有个很深的洞。手术中，医生切除了她腋下的淋巴组织，阻止了肿瘤细胞的扩散。

周昆刚加入基地就成了明星。"我比他们早手术，所以他们就问东问西的。我也愿意给他们讲，讲出我的痛苦能避免他们的痛苦，为什么不做呢？"周昆说。

周昆是基地的活跃分子，一到给大家表演节目就非她莫属，"进了基地之后，我学会了好多东西，比如吃饭、保养等知识。"周昆说，她还跟一些切除乳房的患者们一起研究义乳如何佩戴等各种小细节。

说起这些，周昆并不觉得尴尬。在经历炼狱般的痛苦之后，每一天对她来说都有价值。周昆今年65岁，但看起来不论外貌和精神状态都只像40岁的人。她说，11年来在与癌症对抗的经历中，她对生活又有了新的认识："每一天都要不停歇，不抱怨，只向前。"

报道没有过于艰涩的医疗卫生常识，而更多的是展现了一个重病患者对生命的渴望、对美好生活的期待，这能够唤起更多受众的共鸣，让大家融入到她的生活之中，对她所持有的积极的生活态度表示认同，也重新认识到生命的价值。

第六，记者要多积累各方面的知识。

卫生新闻的涵盖面非常广泛，从医药科技、医疗义务到政策法规、方针指导，从卫生宣传、卫生运动到先进人物、典型报道，都是卫生新闻会涉及到的范围。与此同时，卫生新闻还涉及到社会学、心理学、人口学、法学等各方面的学科。因此，卫生新闻记者不能在采访之前才临时抱佛脚地学习相关的知识，也应该在平时的工作生活中就注意各方面积累，使自己能够在采访时更游刃有余。

五、科技新闻采访

科技新闻是指有关科技领域新动向、新发现、新发明、新政策等方面事实的报道。随着社会的不断发展，科技受到了人们越来越多的关注。记者在进行科技新闻报道中，应该注意的问题包括了如下几点：

第一，做好充分的采访准备。

专业性强、范围广是科技新闻的突出特征，记者如果对科技问题完全不了解就要去采访，不但可能导致自己不能够完全理解采访对象所说的内容，使自己采集不到所需要的内容，还会在后期的写作过程中产生更多的问题。而记者自己都没有弄懂的问题，受众在信息接收过程中就更不容易明白了，可能会让受众看得云里雾里、捉摸不透。这样一来，传播的效果就没有达到。因此，记者在采访相关的科技新闻时，必须要做好采访前的工作，尤其是对于高精尖科技的采访，记者更应当成为该领域的专家，提前学习了解相应的知识。

第二，将复杂的问题简单化。

正是由于科技新闻本身就具有复杂性，而记者将在这些新闻传播给受众时，为了实现传播效果的最大化，记者必须要把这些复杂的问题以最简单、最通俗易懂的话语传达出来，让受众在轻松的阅读中得到真实可靠的科技知识。

第三，记者应该具有一定的冒险精神。

记者想要得到第一手、独家的科技新闻报道题材，就需要参与到一些科技活动之中，如远途探险、科学考察。这时候，记者就应该具备一定的冒险精神、牺牲精神，以亲身经历，体验科学探险中的艰辛与快乐，体会科学探险中的新奇发现与有趣活动。记者的参与，能让科技报道更有现场感和生动性，也让受众真实地感受到科技工作者工作的艰辛及其奉献。

第四，科技新闻报道中的注意事项。

对于一些涉及到国家机密的科技问题，记者在报道时应该有所注意，把握好报道的分寸。在稿件写好之后，记者还要将稿件给相关机构审阅，以保证稿件的真实性，保证稿件所涉及的内容不违背国家相关保密法规所限制的范围。同时，一些需要时间验证的科技报道，记者应当注意不要过早为其下结论，也不能贸然向外公布。

第二节 "软新闻"采访

对于"软新闻"，大家主要关注的是其展现出来的人情味。在现代的媒体新闻报道中，将"硬新闻"处理为"软新闻"的趋势越来越明显，这种趋势，也正是由于"软新闻"具有的贴近受众心理、满足受众情感需要的优势，使"软新闻"更有市场和受众群。按照"软新闻"普遍定义，社会新闻、体育新闻、娱乐新闻都可以划归到"软新闻"的范畴内。

一、社会新闻采访

社会新闻，是指与普通群众日常生活息息相关的新闻类型，其呈现出广泛性、生动性、生活化的特点，而趣味性也是社会新闻的一个显著特色。在现在的媒体中，社会新闻呈现出越来越强势的发展势头，这是新闻回归民众生活的重要体现，而更重要的是，社会新闻是与群众生活联系最为紧密，也是最能吸引民众兴趣的新闻报道类型，街头巷尾的小事，在新闻价值的归属上与民众更有接近性，也更具故事性和可读性。在进行社会新闻采访时，记者应该注意以下几点：

第一，善于发现生活中的新闻点。

社会新闻不像时政新闻、科技新闻等有其固定的新闻源，即政府组织或科学组织。社会新闻的新闻源多是来自于民间，即是从普通百姓和市民的生活中挖掘可供报道的内容。但是，这些新闻点大都是隐藏起来的，并非显而易见的。因此，社会新闻记者在日常生活中，必须要学会做城市生活的观察家，留意发生在身边的细节和变化，将其趣味性和价值给挖掘出来。

社会新闻记者，应当具有不断探寻的精神，不断地挖掘深层的内容，做生活的热心者。

目前，很多媒体都设置了热线，专门接听读者或观众的来电，并从中精选出一些有新闻价值的信息来进行深入的报道，这是目前媒体获取社会新闻线索最主要的途径，社会新闻记者也应该保持与热线部门的沟通，及时获取新闻信息。

第二，记者不能摆架子。

很多记者在进行社会新闻采访时，由于面对的采访对象都是普通的百姓，因此常常会有些高人一等的思想存在，往往会以"无冕之王"的姿态自居，在采访过程中就表现出高傲、目中无人的态度，给采访对象以压迫的感觉。这是记者必须要谨记且克服的问题。

作为社会生活的记录者和报道者，记者永远都是社会生活的服务者，自己工作的真正目的，也是为普通百姓服务的。如果记者在采访过程中摆架子，不仅是对采访对象的不尊重，也会败坏自己的形象，甚至会对整个新闻媒体造成不好的影响。

第三，采访要亲近群众。

记者在进行时政新闻、科技新闻等"硬新闻"的采访时，往往都会受到采访对象和组织很好地接待。但在进行社会新闻采访时，记者面对的采访对象往往都是普通的百姓，这些采访对象不可能像其他组织和个人一样对记者百般照顾，而记者也应当表示理解并配合，不能向采访对象提出过分的要求。

同时，记者在进行采访时，要学会用普通百姓的话语方式来与之进行交流，不能一开口就是讲大道理。要亲近群众，就应该是以街坊邻居、乡里乡亲拉家常的方式来采访，用群众喜闻乐见的表情、语态、行为来贴近大家。只有这样，才能使采访对象放下与记者讲话时的心理压力，也不会对记者产生排斥心理，能够顺畅地表达自己的观点、讲述自己的故事。

此外，如果记者是在当地采访的话，最好使用方言来进行交流。在面对记者时，很多普通市民还是会抱有畏惧和紧张的心理，在这个时候使用普通话的话，更会加重他们的心理负担，比如担心自己的普通话说得不够好，等等，从而导致采访不能实现最好的效果。同时，记者使用方言的话，在采访对象看来，也会显得更为亲切一些。

第四，避免耸人听闻的新闻报道。

在社会新闻中，很难避免一些耸人听闻的新闻。虽然这些诸如自杀、凶杀、车祸之类的新闻很具有吸引眼球的效果，而追求刺激的受众也会对这些新闻抱以很大的热情，但是，相对于媒体的社会责任来说，这些新闻却是应该尽量避免的。如1923年制定的瑞典舆论家联谊会出版规范中就特别提到了"除非有特殊重要性，或与重大犯罪案件有关，不报道自杀或企图自杀的新闻"。避免报道这些耸人听闻的新闻，不仅是对受众负责，同时也是对新闻事件中的新闻人物的名誉、隐私等方面的尊重。

记者在报道新闻的过程中，应该如何报道这些耸人听闻的消息呢？首先，在标题和正文中，应该避免使用夸张、恐吓、血腥的词汇，避免过分地渲染现场情况。其次，记者在报道这些新闻时，应该持有健康的态度，幸灾乐祸、冷眼旁观的态度是职业道德极其低下的表现。曾经就有报社在报道一个市民手指断了的新闻时，在新闻标题中使用了"喔呵"

这样有些戏谑意味的词语，遭到了众多读者和业内人士的批评。再次，在影像呈现上，摄影/摄像记者也最好不要拍摄血淋淋、混乱的现场状况，避免感官刺激，避免影像暴力。最后，在处理影像时，应当将当事人的面部进行马赛克处理，或者将当事人的声音进行技术模糊，避免侵权行为的发生。

二、体育新闻采访

体育新闻是指与竞技比赛、运动健身等人类挑战自我极限、战胜自我、超越自我相关的活动有关的报道。除了大型的赛事，如奥运会、世界杯之外，体育新闻报道还应当涉及全民健身、国民健康等方面的内容。要做好体育新闻采访并不是一件容易的事情，尤其是有关运动竞技等方面的采访，更是对记者全方位素质的综合考验。

第一，做体育运动的专家。

体育新闻报道，不只是纯粹的对运动行为的报道，其中还会涉及到体育学、心理学、医学、社会学、历史学等交叉性的学科，如对奥运会的报道就会涉及到奥林匹克的历史和文化渊源、国际政局等等方面的内容。因此，记者要做好体育新闻，应当对这些学科都有所了解，这样才有助于在报道中更好地为受众提供信息。例如，在北京奥运会期间，就有这篇名为《俄罗斯、格鲁吉亚选手"奥运之吻"缔造历史一刻》的报道：

在女子十米气手枪的领奖台上，动人的一幕刚刚上演。

亚军俄罗斯名将帕杰林娜与铜牌得主格鲁吉亚的妮诺·萨卢克瓦泽在领奖台前主动相互拥抱，并送上"奥运之吻"。

就在这一吻的同时，远在千里之外，格俄战火仍在延烧。

与北京奥运会开幕同一天，格鲁吉亚南奥塞梯地区局势骤然恶化。联合国秘书长潘基文在奥运开幕当天再次呼吁遵守奥林匹克休战。

奥林匹克休战是国际奥委会根据三千多年前古希腊神圣休战的做法设计的和平活动。一九九三年十月，联合国大会通过决议，恢复了这一古希腊传统，呼吁联合国各会员国在每届奥运会开幕和闭幕前后各一周以及奥运会期间实行奥林匹克休战。

二〇〇七年十月，第六十二届联大一致通过由中国提出、一百八十六个会员国联署的《奥林匹克休战决议》，号召联合国成员国采取积极行动，在奥运会期间休战，并根据《联合国宪章》精神，和平地解决所有国际争端。

早在现代奥运举办之初，顾拜旦就吟唱出"啊，体育，你就是和平！你在各民族间建立愉快的联系"的激昂诗句。一九二〇第七届比利时安特卫普奥运会上，第一次放飞和平鸽。此后，让玫瑰战胜枪火，缔造世界和平的决心就一直伴随着奥运、伴随着人类。

在动荡的世界里，奥运会让人们暂时抛开分歧，获得和平的宝贵时刻，甚至由此缔造了许多人类永志难忘的历史瞬间。

据考古学家统计，古代奥运会共举行了二百九十三届，鼎盛时观众达到八万人。神圣的"奥运休战"宗旨保障了古代奥运会的和平，不知挽救了多少人的生命。

在现代奥林匹克发展史上，一九五六年墨尔本奥运会上，分裂的东、西德国共用一面五环旗入场的场景被载入了史册；一九九二年巴塞罗那奥运会期间，在联合国和国际奥委会的共同努力下，波黑交战双方暂时停火；一九九四年挪威冬奥会期间，巴尔干地区战况血腥，时任国际奥委会主席的萨马兰奇前往萨拉热窝调停，促成各方停战一天，拯救了数千生命；一九九八年日本冬奥会期间，美国威胁攻打伊拉克，联合国秘书长安南以"奥运休战"决议为契机，访问巴格达，通过外交途径阻止了冲突的爆发；二〇〇〇年悉尼奥运会，朝鲜和韩国运动员高举半岛旗帜联合入场……

二〇〇八年北京奥运开幕式上，上千人组成的巨大"和"字，再次将奥林匹克的和平精神展示给世界。然而，格俄战火纷飞、韩朝在运动员入场时相隔三国先后入场、伊拉克参赛一波三折，都将战争的忧思弥散在奥林匹克旗帜飘扬的天空。

目前，南奥塞梯地区军事冲突不断升级，据报道，已造成上千人丧生。由此引发外界空前的战争忧虑。

中国外交部发言人秦刚九日表示，中方对南奥塞梯地区紧张局势升级、发生武装冲突表示严重关切。中方呼吁有关方面保持克制，立即停火。国际社会也纷纷呼吁恢复和平。

正是在背后家乡的炮火隆隆声中，两位敌国选手同台对阵，各创佳绩。在最后荣耀的一刻，两位女"敌手"的动情一吻，吻出了体育人的惺惺相惜，更吻出了追求人类和平的奥林匹克精神，是名副其实的"奥运之吻"。

这一吻，缔造了历史一刻！

这一吻，但愿能够感动更多的人。

在这篇新闻报道中，记者很好地将俄罗斯与格鲁吉亚之间的紧张局势应用了起来，两个国家运动员的"奥运之吻"，是对奥林匹克精神的最好诠释，是跨越了国家民族情感的人类精神的体现。同时，记者也将奥林匹克的历史作为新闻报道的背景，使新闻报道更具有深度和厚度。可以看出，记者在准备采访写作工作时，是颇下了苦功的。

同时，记者要做好体育运动的专家，对于每一项运动项目都应当有深入的了解，尤其是比赛规则、运动员的基本状况、比赛双方的历史等。如在足球比赛中，记者应当明白足球运动的一些基本规则，如点球、任意球、角球、越位等，都能够做出清楚地说明和判断，而对于足球运动员的基本资料，也要有一个大致清晰的认识。总之，一个好的体育新闻记者，应该是一个能够同时充当教练员、裁判员、运动员的人，是一个真正热爱体育运动的人，只有真正热爱某项运动，才可能报道出最为优秀的新闻。

第二，做运动员的好朋友。

和政府官员、经济学家、科研人员等采访对象的专业性和严肃性不同，运动员在日常生活中，显得更为平易近人，而记者就应当以朋友的身份接近运动员，以轻松愉快的方式和简单易答的问题进行采访。当然，要做运动员的好朋友并不是一件容易的事情，这需要记者在采访过程中以热情诚挚的态度来取得运动员的信任，多关心运动员的身体状况、生活状况等运动之外的话题，从这些看似无关紧要的问题中取得更多的信息，并以此作为逐层深入的突破口。

第三，保证体育运动的纯粹性，不要有明显的倾向。

虽然说运动是全人类的一项精神追求，也是一种文化，但是在实际的运动中，尤其是在竞技性比赛中，运动却往往不是那么单纯，民族情感、种族观念、政治利益往往都会带入竞技比赛中去。如奥运会历史上就出现众多这样的案例，如在1936年柏林奥运会上，由于当时奥委会领导人眼光的局限，导致此届奥运会成为了德国法西斯的宣传工具，不仅违反了奥林匹克精神，还为德国法西斯粉饰和平起了推波助澜的作用；而在1976年蒙特利尔奥运会上，由于南非推行种族隔离政策，黑人选手被剥夺了参加国际比赛的资格，导致大多数非洲国家以拒绝参加奥运会来表示抗议。这些例子表明，虽然运动的精神是全人类文化的重要组成部分，但在有意无意之间，它都可能成为民族问题、种族问题和政治问题的牺牲品。

即便如此，记者应该谨记自身的职责，在进行体育报道时，一定要注意这些问题，不能让个人的情感和国家意识成为支配力量，导致新闻报道有明显的倾向性。作为记者，就算是某位运动员的粉丝，还是应维持自身的独立性和正义感，保证报道的公正、公平和真实。

第四，采访中应学会随机应变。

这一点，主要是体现在网络时代的体育报道中。在很多重大的体育比赛中，网络承担着即时播报的任务，而为了能成为信息的最早发布者，网络媒体的记者通常都会准备几份不同比赛结果的报道，以便在比赛结果之后，能够迅速地刊载出来。但是，运动场上的情况是瞬息万变的，很多比赛可能是在最后几分钟就使得整个比赛的局势扭转。在这时候，记者随机应变的能力就变得很重要。这需要记者在得知比赛结果之后，迅速地调整采访策略，快速地准备相应的采访提纲并找到相应的采访对象及联系人。

第五，体育记者应当重视外语学习。

运动既然是全人类的共同文化，同时在我国开放程度越来越高的情况下，跨国的体育活动将会越来越多。这时候，记者的外语能力如何，会直接影响记者采访的效果。同时，由于体育运动涉及到一些专业性的外语用词，记者的外语水平不能停留在普通的日常对话层面上，记者更应当了解一些体育方面的专业用语。体育记者在自己平时的工作中，就必须重视外语学习，不断积累进步。

三、娱乐新闻采访

娱乐新闻在如今的新闻市场中显得格外引人瞩目，这是社会娱乐化大潮中的必然产物，也同时使得新闻的严肃性和专业性不断消解。如今的娱乐新闻主要是关于电影、音乐、电视剧以及明星生活动态等方面的报道，强调故事性、情节性，同时不断地强化戏剧效果、感官刺激，多走悬念和煽情路线。客观地来说，娱乐新闻的确为如今的新闻市场注入了一剂强心剂，很多读者看报纸或者看电视，都是以了解娱乐新闻为主要目的的。但是，要成为一名合格的娱乐新闻记者，还是应该谨遵以下几点要求：

第一，记者要恪守新闻道德底线。

不管是做时政新闻、社会新闻还是娱乐新闻，记者首先应当谨记的是，自己的身份始终还是一名新闻工作者，而不是捕风捉影、道听途说的谣言、绯闻制造者和传播者。因此，娱乐新闻记者身上还是承担着一定的责任，这也是记者要恪守的道德底线。对于一些真相不明的新闻事件，如果未经证实，记者不能肆意传播，以防对当事人造成伤害，甚至会为自己带来一些不必要的麻烦和官司。例如2010年年底，有微博传言说，一代武侠小说宗师金庸于12月6日19点07分在香港尖沙咀圣玛利亚医院去世。后经证实该条新闻为假新闻，而且香港也无此家医院。各界对此则谣言的出现感到莫名其妙，称谣言发布者没有道德。在这种时候，记者就不能随意播报新闻了。尤其是在如今的网络时代，经过微博等互动网络平台产生的信息是非常之多的，而其中肯定掺杂了很多虚假新闻和消息，记者一定要有判断鉴别能力，在缺乏权威说法的情况下，尽量不要"蹚浑水"。

在实际的工作中，娱乐新闻记者还要杜绝炒作行为。炒作是当今很多娱乐明星和娱乐工作者为了吸引眼球的一种商业技巧，很多情况下是利用受众的好奇心理和窥私欲望来实现一定的商业价值。因此，记者应当学会分辨，保持新闻媒体的纯洁性，不能成为商业利益的牺牲品和利用工具。

其次，新闻记者不能成为狗仔队。虽然很多人都将娱乐新闻记者与狗仔队划上了等号，但两者之间还是有着明显的差别。新闻记者是供职于专业的新闻媒体的、受到国家相关宣传政策和法律法规限定和保护的信息收集者和报道者，而狗仔队则是专以挖掘社会公众人物私生活、报道明星绯闻等来进行炒作、吸引眼球的人群。既然如此，记者在报道娱乐新闻的工作中，首先应是以公共利益为考虑的前提，而不是以哗众取宠的方式来引起注意。

再次，记者在娱乐新闻报道中，应当在法律法规的范围内进行工作，要尊重他人的隐私权、名誉权、肖像权等基本人权。在实际的新闻工作中，记者因报道娱乐新闻而吃官司的例子不在少数，例如前面所提到的《壹周刊》偷拍Twins成员阿娇换衣服的照片，并将其刊登在杂志封面上的行为，就是对明星隐私权、肖像权的侵犯。

最后，媒体所报道的娱乐新闻不能有色情、低俗、淫秽等方面的内容。虽然很多明星在炒作自己的时候，会主动或被动地向外公布一些照片，甚至是不堪入目的裸露和色情的照片，并且向媒体讲述一些涉及私生活等方面的内容。而记者在进行正常的采访工作时，也不可避免地会接收到这方面的信息。但是，在媒体上进行报道的时候，记者还是应该尽量避免这些色情、低俗、淫秽的内容公之于众。

第二，与粉丝团和经纪人保持联系。

在进行新闻采访时，记者所采访得到的很多信息都是源自于记者自己的人脉网络，这一点在娱乐新闻采访中是非常突出的。在考虑到商业利益和人身安全的情况下，很多名人的行踪和工作往往都是比较隐秘的，不会向外界透露，因此，娱乐新闻记者想要得到独家新闻和深度报道的权利，就需要与名人的粉丝团和经纪人等熟知名人行踪的团体和个人保持紧密的联系，以便在有一定价值的新闻出现时，记者能够及时得到信息，参与报道。

同时，一些娱乐记者为了能得到独家的娱乐新闻，还会化身为其他身份，短期地参与到明星的活动中，例如昆明某报的记者就以临时助理的身份，四天三夜跟踪采访了吴彦祖：

3月初，就得到吴彦祖要来云南拍广告的消息，然而，该剧组拒绝任何媒体的探访。为了能够得到与吴彦祖近距离接触的机会，我想方设法到剧组应聘，说自己是吴彦祖的铁杆粉丝，之前也有接待明星的经验……好说歹说，终于，在吴彦祖即将到昆的头一天，接到了剧组打来的电话，让我担任吴彦祖在云南期间的临时助理，处理一些杂事。

……

第三，采访应保持平等的身份。

一些娱乐记者在遇到自己喜欢的明星的时候，往往会忘记自己的记者身份，转而成为了一个狂热的追星族。且不说记者应保持的独立性，在娱乐新闻的采访中，记者如果以粉丝的眼光去看待明星，新闻的真实性就已经得不到保证了。同时，在面对记者采访时，很多明星更希望记者是用平等的身份与之交流，而不是以崇拜者的眼光仰视自己。当记者以朋友的身份出现时，明星就更容易将记者当做倾诉的对象，能够更好地畅吐自己的想法，表达自己的观点。因此，记者在采访娱乐新闻时，必须要坚持自己独立、公正的立场，谨记自己的记者身份。